思潮與大師經典漫畫

法西斯主義

FASCISM FOR BEGINNERS

文字◎Stuart Hood
繪畫◎Litza Jansz
譯者◎陳家倫

《啟蒙學叢書》／序

傅偉勳

　　「啟蒙」（enlightenment）一辭起源於十七、八世紀歐洲啟蒙運動。此一運動的倡導者深信，通過古希臘異教傳統所強調的科學知性與哲學理性，以及承繼此一傳統的文藝復興人本主義、理性主義精神的發揚，人類不但能夠增廣知識，且能獲致真正的幸福。他們相信人文理性本位的歷史文化進步性，而與既成宗教威權形成對立，提倡自然宗教甚至懷疑論或無神論，期求人類從矇昧狀態徹底解放出來。此一運動功過參半，然而因其推進終於導致現代社會具有多元開放性、民主自由性的文化學術發展以及文化啟蒙教育的極大貢獻，乃是不可否認的事實。

　　在東方世界，日本可以說是率先謀求傳統的近現代化而大量引進西方文化學術，推行全國人民啟蒙教育的第一個國家。明治維新時期的「文明開化」口號，算是近代日本啟蒙運動的開端，而著名的岩波書店為首的許多日本出版社，也能配合此一大趨向，紛紛出版具有文化啟蒙意義的種種有關人文教養、一般科學知識、西方哲學等等叢刊（尤其具有普及性的「文庫版」之類），直至今日。依我觀察，日本今天的一般人民文化素養，已經超過美國，實非一朝一夕之故。

近與立緒文化公司獲致共識，設此「啟蒙學」叢書，希望通過較有文化學術基層啟迪性的書籍出版，能為我國亟需推廣的文化學術啟蒙教育運動稍盡微力。我們的初步工作，便是推出相關的漫畫專集，通過本系列漫畫譯本的閱讀，包括中學程度的廣大讀者當會提升他們對於世界大趨勢、學術新發展、歷史文化新局面等等的興趣與關注。我們衷心盼望，廣大的我國讀者能予肯定支持我們這套叢書的企劃工作。

序於美國聖地亞哥市自宅
一九九五年九月三日

啟蒙學叢書主編／傅偉勳／美國伊利諾大學哲學博士，曾任教台大哲學系、美國俄亥俄大學、伊利諾大學，現任美國天普大學宗教學研究所，主持佛學與東亞思想博士班研究，亦任中研院文哲所當代儒學研究講座，及佛光大學（籌備中）教授。

法西斯主義終結了嗎？

許多人相信，1945 年之後，法西斯主義就不再具有任何
政治上的重要性了。但是在 1990 年代，法西斯政黨不斷
的出現、活躍與成長。在二十世紀末葉，法西斯主義真的
已經過時了嗎？

「法西斯主義」已經成為一個萬用的字彙。我們常用它來描述我們不喜歡的人們與事物，並且常常不分青紅皂白的應用到各種政治人物、行為模式、思考方式、建築類型。

「法西斯主義者」的共同點是,他們是自由主義或左派思想的敵人。他們通常是具有威脅性的、攻擊性的、壓制性的、偏狹的保守主義與盲目的愛國主義。

但是這種通通包辦的使用這個詞彙,造成很多問題。這些語詞所能界定的人真的就是法西斯主義者嗎?所有的右翼政黨或團體、所有的保守右派政府,都必然是法西斯主義嗎?

什麼是法西斯主義？

義大利是最先有一個政黨自稱為法西斯主義的國家。義大利文中 fascio 一字（念成「法修」），意指為一束薪材之類。在 1890 年代首度為惡名昭彰的西西里島硫磺礦工所使用。

第一次大戰後，義大利的右翼國家主義團體佔用了這個名字，它們組織戰鬥小隊（ fasci di combattimento ）。這些團體在 1922 年結合起來建立了第一個法西斯政黨。

有人認為，嚴格定義的"法西斯主義者"所指的是，在第一次世界大戰到1945年同盟國戰勝之間，崛起於歐洲的這種義大利法西斯政黨或是任何類似政黨的黨員。

9

法西斯政黨

AUSTRIA 奧國
BELGIUM 比利時
BRITAIN 英國
FRANCE 法國
HOLLAND 荷蘭
GERMANY 德國
HUNGARY 匈牙利
IRELAND 愛爾蘭
ITALY 義大利
LITHUANIA 立陶宛
NORWAY 挪威
PORTUGAL 葡萄牙
ROUMANIA 羅馬尼亞
SPAIN 西班牙

這裡所舉的例子並不完整。其中有許多政黨建立在從十九世紀流傳至今的政治傳統。

極端保守主義（Ultraconservatism）

極端保守主義是法西斯主義背後的知識傳統。

義大利的社會學家馬斯可（Mosca）和巴瑞圖（Pareto），就某方面而言，都是老牌的**放任主義**（laissez-faire）經濟學的代表人物。但是，他們也認為民主只是一個夢想，強調社會中知識份子的優越性。

除了反民主外，極端保守主義的思想家都非常敵視 1880 年代穩定發展的社會主義。社會主義根源於十八世紀的知識啟蒙運動和法國大革命。

社會主義解決不義與壓迫的方法，及反對戰爭與國際主義，都被譴責是唯物主義的、不愛國的和懦弱的。

極端保守主義者與種族主義（The Ultraconservatives and Racism）

極端保守主義份子喜歡採用像法國人哥必那伯爵（Count Joseph Gobineau, 1816-82）所著的《**論人類種族的不平等**》（1853）裡面的意識形態。

> 保有純粹種性的種族最優越。亞利安種族是所有種族中最優越的

華格納的女婿張伯倫（1885-1927）是一名歸化德國的英國人。他是德國種族優越論及猶太人劣等論的首席理論家。

> 我最先製造反閃族主義一詞，並且討論種族衝突。猶太人的同化是危險的，必須加以拒斥。

在 1873 年，馬爾（Wilhelm Marr）出版了《猶太主義戰勝德國主義》。

> 當然，我們德國人是屬於純種的亞利安族。

華格納的妻子
科西瑪・李斯特
（Cosima Liszt）。

我們在 1877 年六月造訪紐倫堡（Nuremberg）時，漢斯-薩赫廣場上裝飾誇張、虛有其表的猶太教堂，令我們很不舒服。

我的目的是要保存神聖的德國藝術，以免受到虛假的外來力量——猶太人的侵擾！

德國作曲家華格納（Richard Wagner, 1813-83）是哥必那的追隨者和激烈的反猶太主義者。

還有，把我的宗教建立在華格納的歌劇上。

法國極端保守主義份子非常愛國,非常反對共和,而且緬懷往昔的光榮。查理士‧莫拉斯(Charles Maurras, 1868-1952)就是一個例子。他是一位天主教徒,信奉君主制度和反對猶太人。他憎恨同濟會員(Freemasons)、新教徒、與法國的外國居民。

愛得華‧德勞蒙特(Edouard Drumont, 1844-1917)在1886年出版一本惡名昭彰的種族主義書籍《猶太人的法國》(La France Juive, Jewish France)。他也編輯一份流通甚廣的反猶太日報(La Libre Parole.)

華格納和其他的德國知識份子把反猶太民族主義，鼓吹成一種令人推崇的風尚，至少在「高等文化」的階層是如此。然而，極端保守主義是如何贏得大眾，並且捕捉整個國家的想像力呢？

極端保守主義者如莫拉斯和德勞蒙特，也尋求將學院的反猶太主義轉化到街頭，並且強化法國的「傳統基督教秩序」（traditional Christian order）。

懷舊的君主制度主義份子、天主教徒與軍隊結合反動的階級體系一起對抗第三共和的自由主義者——1789 年法國大革命的第三代。

極端保守主義聯盟試圖挑戰並且破壞啟蒙運動的遺產和崇拜自由、平等、博愛的激進理想共和國主義的遺產，藉此重建傳統的權威。
1894 年，在法國，機會來了。

杜雷也夫斯（Dreyfus）事件

1894 年，一位法國將軍的幕僚愛爾佛德・杜雷也夫斯（Alfred Dreyfus）上尉，是法國參謀部中唯一的猶太人，被指控替德國從事間諜工作。

達十二年之久，法國成為支持與反對杜雷也夫斯事件兩派之間暴力衝突的場所，使得此一事件成為舉世注目的焦點。

1897 年，小說家愛彌利·左拉（Emile Zola, 1840-1902）
，為了此案的重新審判而寫下了一本世界著名的《**我控訴**
》（《*J'Accuse*》）。

我被告毀謗、獲
判有罪，所以逃
到英國。

我在1898年獲
選為議員，並且
動員對抗杜雷也
夫斯

愛得華·德勞蒙特

對極端保守主義份子而
言，猶太人杜雷也夫斯
代表所有陰謀「去-基
督 教 化」（ d e -
Christianize）社會中自
由的與外來的事物。

我成為一個原型，一隻代
罪羔羊，不再是一個人！

不僅在法國，其他地方也不例外，杜雷也夫斯一案使得公
眾的意見分裂，所種下的政治態度一直延續到法國在第二
次世界大戰期間與希特勒合作的時期。它導致自由主義者
與社會主義者並肩對抗右翼的種族主義者，並且一起保衛
共和國。雖然，這個案子最後落得一個有組織的、正式的
法國反猶太主義的挫敗，它留下了重重的創傷、長期的悲
痛、與對猶太人的仇恨。
這是一場希特勒主義的彩排預演。

另一項偽證

偽證被用來判決一個猶太人——杜雷也夫斯的「陰謀」。
另一項出現在 1903 年更加危險的偽證判定所有猶太人是
「全世界的陰謀」。這就是錫安長老的**協議書**（The Pro-
tocols of the Elders of Zion），是由一位駐在巴黎從事沙
皇祕密警察活動的蘇俄情報員在杜雷也夫斯事件期間所捏
造的。

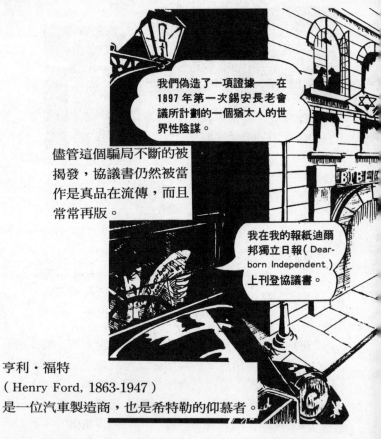

亨利・福特
（Henry Ford, 1863-1947）
是一位汽車製造商，也是希特勒的仰慕者。

…還有隔離屠殺

在十九世紀末與二十世紀初，隨著這種反猶太的宣傳，在沙皇帝國裡最多猶太人的地區，也逐步的進行廣泛的**屠殺工程**。這就是在俄國境內猶太人集居的地區從事的保留區圍欄計劃（the Pale of Settlement）。

在沙皇的統治下，我們不能自由選擇居住的地方。

沙皇翼下的警察經常策動這種有計劃的屠殺。

協議書

協議書 The Protocols

協議書 The Protocols

期的「民族清除」！

1905 年，一個右派組織**蘇俄人民聯盟**，首先宣揚格殺猶太人的必要性。

第一次世界大戰蓄勢待發

1914 年八月一日，第一次世界大戰宣戰之前，反猶太主義、無理的仇外以及狂熱的國家主義，都早已各就各位了。

在戰爭爆發之際，一種詭異狂熱的群眾歇斯底里症讓「文
明的世界」著魔了。

到了 1914 年，
歐洲已經開始瀰
漫著一種有助於
戰後法西斯主義
崛起的氣氛。

法西斯主義的溫床

戰後德國、義大利與其他國家的經濟狀況都非常惡劣。失業與通貨膨脹嚴屬的打擊著固定收入的專業中產階級與仰賴津貼的人員。大量的退伍軍人認為他們被文官政客們所背棄。

整個社會充斥著許多不滿份子——失業者、閒置者、以及被排除在國會運作之外的人。他們都隨時準備加入可以替代腐敗民主的另類政黨——必要時不惜以武力爭取。

令人厭惡！現在唯有暴力才能達成我們的目的！

法西斯主義所以能成為一個大眾的政治現象，是歐洲上層與中產階級對不景氣、集體騷動、蘇俄革命、以及有組織的工人階級及其左翼政黨等一連串的威脅，所作出的回應。

義大利模式

1920 年代初期的義大利正處於經濟與政治的危機之中。社會改革將補償戰爭中犧牲的希望破滅了。勞工與農民到處發起罷工與示威，抗議惡劣的生活條件。

出身中產階級的義大利退伍軍官與士兵們都感到憤怒，雖然國家是戰勝的一方，卻沒有獲得地中海領土與非洲殖民地應該獲得的報償。

戰後的和解是一個殘缺的勝利！

現在我們要面對的是失業與貧窮！

我們和陣亡戰友們的犧牲所為何來？

我們永遠都不會原諒社會主義者的反對義大利參戰！

最重要的，當時的自由主義政府正與左派勢力陷入僵局。

在這種氣氛下，曾經是一位社會主義份子、當過新聞記者、並曾到過前線打戰的班尼托·墨索里尼（Benito Mussolini, 1893-1945），逐漸崛起成為退伍戰士小隊的創始人。他的支持者身穿黑色制服。

1922年，法西斯主義者的人數已經將近二十五萬人。在一次其實主要是象徵性的"進軍羅馬"之後，墨索里尼乘坐火車到達羅馬，在國王威特·伊曼紐國王三世（King Victor Emmanuel III）的邀請下，成為政府的領導人物。

1926 年，國會政府被解散了。嚴格的新聞檢查制度。祕密警察 OVRA 被賦予廣泛的權力。特殊的法庭審理政治犯，有些被處決，有些被長期監禁或被放逐到偏遠地區。

才華洋溢的馬克思主義思想家安東尼歐·葛藍西（Antonio Gramsci, 1891-1937）長年服獄，並死於獄中。

假如我們能夠把馬提歐迪幹掉，我們就可以解決任何問題！

Giacomo
Matteotti
吉卡莫
馬提歐迪
1885-1924
國會中社會
主義黨領袖

我們要這個頭腦二十年都不發生作用。

政府檢察官

一個集權或勞資合作的國家

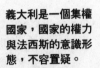

義大利是一個集權國家，國家的權力與法西斯的意識形態，不容置疑。

吉歐凡尼·
正爾泰編劇

義大利的法西斯主義理論家如哲學家吉歐凡尼·正爾泰（Giovanni Gentile, 1875-1944），所預見的是一個**勞資合作**的集權主義國家。雇主和勞工聯合起來，並由社會的整體利益來規範。工人與雇主在同一個組織內組成上下垂直的關係，以提高生產力為共同利益。政黨全面掌控經濟與國家。

其實，「全面掌控」的計劃遭到我們大商業利益團體反對！

利益團體也就是贊成法西斯主義攻擊左派政黨和機構的人們。菁英大老仍然大權在握。

懷舊和帝國主義

法西斯政黨採用的徽章為 fasces——
——法修（ fascio ）是由此拉丁字演變
而來。

法西斯（ FASCES ）

舉起於古羅馬帝王前的一束棍杖（
用來鞭笞人們），並圍繞於一個斧
頭(死刑時砍頭用)。

選用法西斯（ fasces ）以代表義大利
宣示要取得往昔羅馬帝國的角色。

這表示向英國在地中海掌控權的挑戰！地中海是我們的海洋——羅馬人的萬靈之海（ The Mare Nostrum ）。

在法西斯主義者的宣傳中，法西斯的義大利被描述成一個「無產階級的國家」（proletarian nation），沒有殖民地的財富與領土，所以無法輸出失業且貧困的農民。

為達此目的，法西斯的義大利採行了**自給自足**（autarchy）的經濟政策，並且透過國家干預與資金籌措，控制規範大部份的工業生產。

義大利的工業鉅子，例如經營飛雅特（FIAT）汽車製造廠的老闆，都與法西斯主義合得來。

重工業唯有參與重整軍備的計劃才能欣欣向榮。

我們正在減少失業！

而且，靠建造一個強大的艦隊

1930 年代，戰爭發生在阿比尼西亞及西班牙（內戰中西班牙的法西斯陣營），而 1940 年代，第二次世界大戰的德國，也燃起戰火。

法西斯政黨很快的就放棄了原先規劃的許多計劃，這些計劃無論是對資本主義的發展或是可望改善工人的條件方面，都是非常關鍵的。

32

義大利的法西斯政黨原先並不是反猶太的。其實，當初在軍隊、金融與工業界都有猶太人是狂熱的法西斯主義份子。然而，就在 1936 年德國以締約方式建立了所謂的**羅馬──柏林軸心**（Rome-Berlin Axis）。日本隨後加入這個組織。

這個政策無法獲得義大利人廣泛的支持。

反猶太主義現在是官方的政策！

34

CREDERE 信奉
OBBEDIRE 服從
COMBATTERE 戰鬥

義大利的法西斯主義信
奉由菁英領導的理論。
權力是由上而下的。信
奉、服從、戰鬥！
國家和政黨的首領就是
領導人──ll Duce（念
作 Doo-chay）。

隨著德國駐義大利的軍隊在 1945 年戰敗，以及墨索里尼
被反抗軍處決後，義大利的法西斯主義也跟著垮台。

在義大利的法西斯主義崩潰之際
，工業界、金融界、教會與許多
地方的執法人員與軍隊的舊有權
力菁英紛紛崛起。義大利的社會
與經濟體系又恢復原狀。

德國模式

就像在義大利，德國的國家光榮，被法國、美國與英國為首的第一次世界大戰同盟國強加的和平條款所重創。這就是廣遭痛恨的 Diktat ——1919 年的凡爾賽強制和平條約。

1918 年德國軍隊戰敗，接踵而來的是叛變與革命的暴亂
。

戰後的社會民主黨政府壓制這些造反情勢。

還有我們，自由兵團（Frei-korps）

自由兵團是個獨立運作的殘忍右翼武裝編隊。

因為他們反戰，而且要建立一個蘇維埃的德國！

因為他們背叛德國，簽訂和平條約！

自由兵團謀殺他們的政治對手，其中包括著名的共產黨員**卡爾‧萊布涅赫特**（Karl Leibknecht, 1871-1919）和**羅莎‧盧森堡**（Rosa Luxemburg, 1887-1919）。

中間派的資產階級政治家，例如外交部長**華特‧羅色諾**（Walter Rathenau, 1887-1922）也遭暗殺。

因為支持政府，軍隊在德國獲得很大的權力與獨立的地位。

在通貨膨脹、失業與動盪不安的情境下，**國家社會主義德意志工人黨**（National Socialist German Workers' Party）——納粹黨崛起。它做了許多承諾。

置全體社群的福祉於個人之上。

支持小人物、農人、工匠和小商人。

打擊銀行及大企業（指猶太公司）所強加的利息枷鎖。

用右派的國家社會主義來攻擊左派的社會主義。

為了德國人民，創造一個大一統的社會——民族至上（das Volk）。

民族至上（Das Volk）的概念是建立在德國種族的神話、遠古條頓民族的傳奇、華格納的歌劇以及如對抗羅馬兵團的統帥赫曼（Hermann）之上。

納粹黨的黨揆阿道夫・希特勒（Adolf Hitler, 1889-1945）
和墨索里尼相同，都曾經是戰士並上過戰場。他在 1923
年參與右翼的**暴動**（Putsch），結果完全失敗。希特勒也
因而被關了一陣子。

希特勒的政黨，一直要到 1930 年代世界性經濟不景氣的
時候，才變得舉足輕重。

42

「很快的，要讓一位偉人從選舉中脫穎而出，要比一隻駱駝穿過一根針的針眼，還來得困難」，《我的奮鬥》如是說。

在1930年代初期，納粹黨在選舉中大有斬獲，選票大多數是來自中產階級和下層中產階級。當時納粹黨已儼然成為一個醒目的群眾政黨了。

圖中百分比標示：40%、35%、30%、25%、20%、15%、10%、5%、0%

共產黨　社會民主黨　納粹黨　中間派

1933年選舉

與義大利的情形相同，德國政府與左派形成了一個勢均力敵的僵局（deadlock equilibrium）。由於獲得關鍵數目的工業家、右翼政治家和軍隊的支持，希特勒得以展示自己為德國總理和政府領導人的適當人選。

在保守主義份子的支持下，
希特勒在 1933 年**依法**登上
總理的寶座。這些保守主義
份子期盼納粹黨能夠摧毀左
派勢力，他們相信自己能夠
駕馭納粹黨。

左派陷入分裂和混亂。 1933 年最後一次的自由選舉中，
納粹仍然未獲全面性的多數勝利，僅獲得總共 43%的選
票——但是他們已經被授予權力。

以恐懼作為手段

納粹的第一個步驟包括廢除工會和左派政黨。

設立集中營,並且很快的就裝滿了政治異議份子──共產主義者、社會主義者、納粹的批評者。

教育、教會和文化全都納入納粹的掌控之中。黨是全能的。德國也像義大利一樣,是一個具有正式領導的集權主義國家──以希特勒為最高領導人──最高領袖(the Fuehrer)。

我是德國,而且德國是我…何其幸運啊!我們找到了彼此!

整肅褐衫突擊隊

納粹黨有一個派系路線，希望堅持激進的「社會主義的」反資本主義的成份。這就是黨的自衛隊，穿著褐色襯衫的突擊隊 SA（Sturmabteilung）。 SA 的指揮官恩斯特・羅姆（Ernst Roehm 1881-1934）是一位同性戀者。

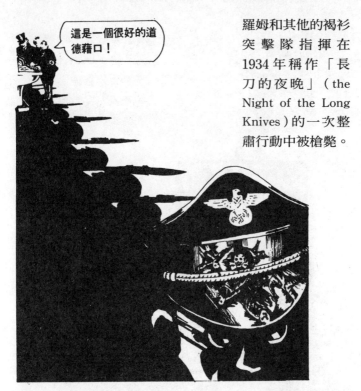

這是一個很好的道德藉口！

羅姆和其他的褐衫突擊隊指揮在 1934 年稱作「長刀的夜晚」（the Night of the Long Knives）的一次整肅行動中被槍斃。

現在權力轉移到 SS（Schutzstaffel）的菁英部隊，最初是由希特勒所建立作為他個人的黑衫貼身侍衛，但是在 1929 年交由海里緒・西姆爾（Heinrich Himmler）指揮，他使得黑衫軍（SS）成為歐洲最令人畏懼恐怖的組織。

在褐衫軍整肅之後，「社會主義」只剩為了組織社會性目標而動員的政策，例如勞工陣線（Labour Front）用於建築公路或是如希特勒的青年運動（the Hitler Youth Movement）。

勞工的福利計劃係由「快樂行動之力」來組織。

給工人假日、遊艇旅行、
運動會、模範住宅
廉價的收音機
廉價的人民汽車——國民車

適者生存

種族主義是納粹的思想和政策的核心，其基礎來自於**優生學**（eugenics）的理論——把一種對達爾文「物競天擇」錯誤與危險的解釋應用在社會上。

不是社會主義——而是社會達爾文主義！

優生學是由英國科學家法藍斯・加頓（Francis Galton, 1822-1911）在 1883 年所發明的。

高智商的人們之間的配種將會改進種族的品質。

我們的生命是為了優生育種。

我主張十萬名道德淪落的英國人應該強制結紮，其他人則應該要送進勞改營，以阻止英國種族的惡化。

瑪莉・史脫普斯博士（Dr. Marie Stopes, 1880-1958），生育控制的先鋒者。

1910 年，溫斯頓・丘吉爾（Winston Churchill, 1874-1965）擔任內政部長時的一份的文件。

作家和劇作家蕭伯納（George Bernard Shaw, 1856-1950）也是這項種族主義學說的眾多支持者之一。

種族大屠殺（Holocaust）的邏輯

1926年，美國的優生學會主張將瘋子、智障者和癲癇症者結紮。

納粹首先在心智殘障者身上應用優生學原理，他們是「實驗性毒氣」的第一批受害者——在1939至1941年間，約有二十萬成人和小孩被殺。

同性戀也被歸類為無法容忍的異端，而吉普賽人和斯拉夫人則被歸類為劣等種族。

在第二次世界大戰期間，有大量的同性戀者、吉普賽人和斯拉夫人死於勞動營和集中營。

「民族清除」(Ethnic Cleansing)

同樣是假造的基因理論，認為猶太人對德國「純粹亞利安血統」是一個威脅。

「猶太人是異物，會帶來不悅、疾病、難癒的潰爛傷口，甚至死亡。這些外來人是化膿腐敗的原因，應該要盡可能趕快徹底毀滅他們。」

東方學家與聖經學者保羅‧拉加德（Paul de Lagarde, 1827-1891）。

德國必須要進行**猶太清除**（Judenrein）—— 整肅猶太人。

除了「基因的威脅」之外，猶太人還被認為具有雙重的危險性——一為有權勢的資本家，一為顛覆性的布爾雪維克。除掉猶太人，可以立刻解除兩面的威脅。這個荒謬的看法在適當的時機將種族大屠殺當作邏輯上的必然後果。

一個戰爭經濟體系

納粹領導人從事的是透過領土擴張而發動戰爭的政策。

德國工業是納粹政權的第一個共謀。

1940 年當死亡集中營在波蘭設立時，德國公司例如**西門子**（Siemens）和**法本**（IG Farben）在這些集中營附近建造他們的工廠。

BMW ，巴發利亞（Bavarian）汽車製造公司，使用的是來自達橋（Dachau）的奴工勞力。

Degesch 公司，是一家殺蟲劑製造廠，供應翟克隆-B（Zyklon B）給毒氣室。 Topf & Son 公司設計火葬焚化爐（且在 1953 年取得該系統的專利！）

集中營是廉價的、可耗損的勞工來源。東部征服的領土內，也同樣引進奴工從事工業和土地的生產工作。

希特勒「千年」帝國的終結

納粹主義隨著德國戰爭機器的全面挫敗而垮台。德國分裂了——柏林圍牆成為這個政治事實的象徵。

在西德

英國、法國和美國同盟國重建資本主義的經濟體系，西德雖然飽受硬體上的破壞，但是卻仍然快速的重建。

過去的前納粹菁英份子絲毫未損，並且準備重拾他們在德國聯邦的地位。

在東德

蘇俄設置了史達林版的「社會主義」計劃經濟和集權主義的政治體系。

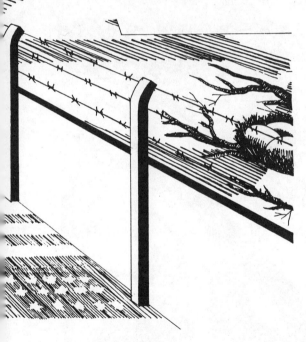

然而，有什麼躲在「社會主義」外表下，準備蓄勢待發呢？

西班牙模式

西班牙是第三個擁有法西斯政府的歐洲國家。法西斯主義所以能取得政權是由於一次軍事叛變以及 1936-1939 年間的內戰所造成的。

這些政黨中最著名的是 1933 年由理瓦拉（Primo de River-a, 1903-1936）所建立，並傲效義大利法西斯政黨模式的法蘭吉（Falange，意指方陣）。理瓦拉是被暗殺的。

法蘭吉風格

藍衫、法西斯儀式、法西斯敬禮、法西斯頌讚。

西班牙的法西斯主義是懷舊的。

天主教陛下費迪南（Ferdinand）和伊沙貝拉（Isabella）在 1479-1504 年間統治。

啊！西班牙王國的黃金時代！

我們把摩爾人趕出西班牙，驅逐了猶太人，並且資助哥倫布打開美洲殖民之門。

法蘭吉的徽章是以天主教國王的標幟——一束箭（法西斯法修 fascio 的翻版）作為圖像。黑色和紅色則是借自激進的左派無政府工團主義（anarcho-syndicalism）。

在意識形態上，法西斯主義認為西班牙已經被啟蒙運動和
法國大革命的觀念所腐化。

運動

62

1936年，由社會主義者、共產主義者和激進派所組成的大眾陣線政府（Popular Front Government）贏得選舉，引發了由法蘭西斯・法朗哥將軍（General Francisco Franco, 1892-1975）所領導的軍事叛變。

我們將自西班牙的摩洛哥一地出發。在這個地方，軍隊在打完一場長期的殖民戰爭後，擁有牢固的基礎。

在這個組織中，法朗哥是我們的領袖（Caudillo）

他也是我們法蘭吉的首領（Jefe）。

法朗哥迫使法西斯主義份子和君主立憲者合成為一個組織，並且結合軍隊的力量，組成運動（Moviemento）。

三年後內戰結束，法朗哥取得勝利。
由於德國特遣部隊和義大利的
陸海空三軍部隊的協助，才得
以獲勝。
愛爾蘭的法西斯主義者、法國
的君主立憲者和白俄羅斯的放
逐者也為叛軍而戰，但是人數
遠低於國際兵團（Interna-
tional Brigades）。

對民主而言，這真是一個壞消息。除了蘇俄之外，沒有其他國家協助西班牙共和國！

我目睹並且寫下在巴塞隆納的一場對左派份子的謀殺。但是沒人相信！

史達林的援助包括派遣國際共產情報人員來整肅他的敵人——托洛斯基派、無政府主義者和激進主義者——導致一場左派中「內戰中的內戰」，因而削弱了共和國的力量。

喬治歐威爾（George Orwell, 1903-50），《向加泰隆尼亞王國致敬》（*Homage to Catalonia*）。

法西斯主義的內戰勝利，帶來一個獨裁的政權。這個政府設立集中營、強迫勞改來對付政權的對手、並由特別法庭宣判執行就地槍決，數目之多，令人戰慄。

隨著左派的瓦解，農民與工人在面對薪資與生活水準遭受打擊時，變得招架無力。工會讓渡給法蘭吉，法蘭吉也接收了報紙印刷和其他的左派財產。

四十年的法西斯獨裁統治

贏得軍事勝利之後，法朗哥與法蘭吉保持距離。 1943 年，當與法蘭吉關係密切的義大利法西斯主義垮台後，法蘭吉的聲望往下滑落。

法蘭吉控制一個青年運動（Youth Movement）。同時也深入文官體系以及西班牙生活的許多層面而具有影響力。

天主教黨（Opus Dei）是一個強大、隱密的組織，它的右派天主教徒和技術官僚，在西班牙國內與國外的政治、工業和財政各方面仍舊擁有重要的聯繫。

由於西班牙的經濟不斷成長繁榮，以及企圖要在西班牙建立空軍基地的美國的壓力，都使得法西斯的獨裁統治逐漸衰退。

金融家和工業家

1975 年，法朗哥去世，王室復辟，舊時的菁英又活躍起來。

歐洲法西斯主義的其他名號

法西斯主義於大戰期間的和平時期，在各國有許多變種。
好像變色龍一般，依據各地右翼和激進的傳統特色，產生
不同的面貌。

在法國，有君主制主義的**法蘭西運動**（Action Francaise）
的反猶太組織，以及許多的法西斯聯盟，例如由標榜英勇
的第一次世界大戰的退伍軍人所組成**耀火十字架**（Croix
de Feu）。

在比利時，法西斯主義者稱作**國王的人**（Rexists），意指
基督國王（Christus Rex）的追隨者，他們是天主教徒和民
族主義者。在**羅馬尼亞**，**鐵衛隊**（Iron Guard）是狂熱的
宗教和民族主義份子。

在匈牙利，**箭十字**（Arrow Cross）的成員是基督徒，他們
是民族主義份子和反猶太的。

當時，有好幾類的法西斯主義變種，稱為教士法西斯主義
（ Clerical Fascism ）是最恰當的。實際的例子如在葡萄
牙由安東尼歐·沙拉薩（Antonio Oliveira Salazar, 1889-
1970）所長期統治的清教徒式的宗教獨裁政權；還有 1930
年代的奧國，在希特勒佔領之前，曾經由一位天主教徒、
反社會主義和反猶太的道弗斯總理（Chancellor Engelbert
Dolfuss）統治的短暫政權。

英國的例子

1930 年代經濟大恐慌所造成的動盪不安與失業，有助於解釋為何法西斯主義在某些歐洲國家的興起。英國也有相同的問題，但是法西斯主義卻只得到小幅的成果。

歐斯沃德‧莫斯里（Oswald Mosley, 1896-1980）以一個法西斯政黨的領導人物嶄露頭角。他在 1914-1918 期間是一名軍人。

我以保守黨開始我的政治生涯，後來脫黨加入工黨，擔任一個小閣員。

但是工黨政府拒絕接受激烈的手段來解決失業的問題。

因而，莫斯里成立了新黨。沒有成功。所以他又根據 1904 年致力於減少或阻止東歐移民的英國兄弟會聯盟的民族主義種族論調的傳統，創立**英國法西斯主義聯盟**（British Union of Fascists）。

莫斯里也接受一位大工業家、汽車製造商威廉・莫立斯伯爵（Sir William Morris）的經濟援助，而且受到支持黑衫軍的每日郵報（Daily Mail）老闆——上院議員羅斯米爾（Lord Rothermere）的鼓勵。

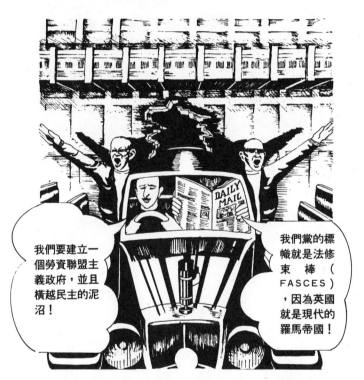

英國法西斯主義聯盟（BUF）在 1930 年代的鼎盛時期，也不曾超過四萬黨員。其成員幾乎完全來自下層的中產階級——小店家、學生、失業者。不過該黨的確擁有一定工人階級的支持。在倫敦東區的猶太社區，幾次的地方選舉，都獲得高達 20％ 的工人選票。

戰前英國法西斯主義失敗的原因

英國法西斯主義聯盟（BUF）在英國政壇衝擊不大，其中一個原因是，莫斯里所標榜的好鬥式反猶太主義，很舒服被保守黨的右翼陣營接受。

1930 年代在政治上舉足輕重的右派想些什麼呢？

> 我們有些人贊成姑息德國的法西斯主義。

> 我們希望希特勒的野心會向東攻打蘇聯。

> 但是對我們之中的某些人而言，莫斯里反對與希特勒打戰，違反了我們的愛國主義。

英國也蠻幸運的，因為大部份的軍隊都駐紮在大英帝國的國外屬地，因而沒有加入政治鬥爭。我們應該記得 1914 年發生在卡勒（Curragh）的事件——軍官團叛變，抗議授與愛爾蘭自治權。

莫斯里的黑衫法西斯主義份子舉行的群眾集會中，鬧場的
人都遭到嚴重的粗暴對待，警察明顯的坐視不管。

1936 年，公共秩序條例禁止穿著黑衫制服，並且賦予警
察更大的權力控制公眾的示威和遊行。權力可以用來對付
法西斯主義，也同樣可以對付左派。

電報街(Cable Street)之戰

雖然保守黨右翼份子認為英國法西斯主義聯盟(BUF)太
過於極端而在政治上無須如此，左派這邊則有意向黑衫軍
公開挑戰。有關此點，最主要的例子就是 1937 年的電報
街之戰。

莫斯里的法西斯主義者計劃一場穿過東端（East End）猶太區的遊行。工黨對此反應冷淡，並且勸告其黨員不要抗爭這次遊行。警察則干預管制，強迫法西斯主義示威遊行者轉回頭。這是左派的一次決定性勝利。

1940 年，英國法西斯主義聯盟被宣告為非法的，而莫斯里與其他較小的法西斯團體的頭子一起遭到拘留。

歐洲軸心國的霸權

當大部份的歐洲國家一個個被羅馬——柏林的軸心國所擊垮時，各地的法西斯政黨與法西斯政府，大受鼓舞。

法國非佔領區內的維琪，一個由第一次世界大戰的傳奇人物貝當元帥（Philippe Pétain, 1856-1951）所領導的通敵政府成立了。

凱爾特戰斧（Celtic axes）取代共和國的標幟瑪莉安（Marianne）。

而且法蘭西共和國變成法蘭西國（French State）。

我們把共和國的標語「自由、平等、博愛」改成「祖國、工作、家庭」。

維琪民兵與警察熱切的追捕猶太人與反抗軍。

貝當政權想要表現出一副能從納粹德國獲得自立的樣子，其實是一個忠誠的法西斯通敵者。

我們不須強迫
他們通過反猶
太法。

在挪威、荷蘭、比利時與斯洛伐克（Slovakia）也都有傀儡
或賣國政府。反猶太的教士**約瑟夫·迪索神父**（Josef
Tiso，1887-1947） 領導斯洛伐克法西斯政府。克羅拉西
亞，烏斯達斯（Ustashis）也由**巴拉維克**（Ante Palevic）建
立一個法西斯政權。這些政權隨納粹軍隊的敗退全部崩潰
。許多成員如迪索，都被當作戰犯或通敵者處死。有許多
人則鋃鐺入獄。但是也有不少人逃過一劫，使得法西斯主
義的政治理念存活下來。

日本的個案

帶領日本參加二次世界大戰的天皇政權，被描述成「法西斯主義」、「軍國主義」、「極端國家主義」、「集權主義」等不同的形態。

三〇年代的日本是世界上最奇怪的地方之一。它是由一個神祇——天皇所統治。它是一個半封建的資本主義國家，有一個具有政治實權的世襲貴族體系。

它是一個以農業與造絲的傳統工業為重的社會。

但是，它也在技術先進的重工業方面表現非凡。

經濟部門由如三菱、日產與金融工業界的大財團所組成的財閥（金融集團）所主導，扮演著多少像政府機關的角色。政府本身是由財閥、為天皇統治的國家菁英官僚體系，與軍隊之間變動的聯盟所組成的。軍隊主要是來自農村，士兵來自農家，軍官來自地主家庭。貴族院的世襲貴族在這些團體與王室朝廷之間充當中間調人，扮演一個關鍵的角色。

日本是一個殖民強權。它征服韓國，奪取台灣，並且因參與第一次大戰聯盟國一方，接收了德國在太平洋的屬地作為酬勞。

日本的擴張政策受到財閥、軍隊的統帥、與天皇本人私下的支持。

經濟蕭條與叛變

1931 年，一群叛逆的陸軍軍官蠻橫的侵略中國東北部的
滿州。

1932 年，一群偏激的農村陰謀份子殺害首相犬養與大亨
段男爵。

二二六事件(The Niniroku)

二二六或 1936 年二月二十六日事件是東京的陸軍大反動
，由一群少壯派軍人領導，企圖消滅統治菁英，改造國家
。

二二六事件的同謀
者受到北一輝（
Kita Ikki, 1884-
1937)的影響，他
是一位右翼革命家
，也是日本法西斯
主義的創始人。他
因此事件而被判處
死刑。

我受到中國國家復
興的啟發。我的策
略是借用列寧與希
特勒的理論，混合
布爾雪維克與國家
社會主義，套用在
日本傳統的天皇崇
拜。

北一輝是專業的煽動家，他曾給予在 1911 年推翻滿清帝
國的孫逸仙國民革命若干協助。

北一輝的日本改造法案大綱出版後雖然遭禁，卻仍然祕密流傳多年。本書勾畫出一個徹底轉型的日本，將帶領革命運動，橫掃亞洲，挑戰現代資本主義，對抗西方殖民霸權，尤其是美國。

北一輝的日本改造目的是根據一個人民的天皇——神聖的社群象徵，與免於腐敗官僚的理想藍圖，來從事「國家改造」。以下是他的改革計劃：

——消除貴族制度，全面男子選舉權(女人無參政權)。

——剩餘土地放領給農人。

——沒收工業資本，轉移給國家，來抵制**財閥**的力量。

——主要的工業國有化。

——由國家機構來經營管理工業生產。

——每天工作八小時，並限制收入。

北一輝預想一個義大利模式的勞資合作主義國家。

二二六事件是注定要失敗的。天皇身旁的將領與重臣藉這次流產政變,大舉整肅軍隊的不滿份子,準備開始侵略征服。

1930年代真正的共謀贏家是那些國家的統治階層,他們引燃了民族主義的情操,掀起戰爭的序幕。

那些是典型的日本帝國法西斯策略？

——攻擊左派政黨與工會。

——使國會癱瘓。

——由**憲兵隊**(蓋世太保型的思想警察)執行嚴格的新聞管
　制。

——訴諸極端國家主義的神道教義太陽女神與天皇崇拜。

——教化日本民族為最優越的民族。

——社會全面軍事化。

——提升軍隊接掌大眾政黨，成為「國家的前鋒」。

——灌輸武士的尚武傳統與道德情操，即封建的武士精神
　(**武士道**) 。

——要求其菁英戰士的完全犧牲，例如神風特攻隊向美國
　軍艦的自殺攻擊。

——提升死亡為人生真正的實現。

——要求女人順服奉承。

大東亞共榮圈

北一輝無遠弗屆的征服計劃綱領被天皇帝國所套用，名之為**大東亞共榮圈**。下面是這個由軍部在 1941 年十二月所發佈的「土地取得計劃」，多少可以看出帝國的野心有多大。

> 我是因右翼極端主義而被槍斃。但是帝國自己一樣是法西斯主義。

東亞與南海新秩序計劃

1. 台灣總督管轄的地區：
香港
澳門(將購置)
菲律賓群島
巴拉色(Paracel)群島
海南島(將從中國購置)

2. 南海官署所治理的地區：
關島
諾魯(Nauru)
大洋島
吉柏特群島(Gilbert)
威克島(Wake)

3. 馬來尼西亞地區總督或南太平洋總督(暫定的名稱)：
新幾內亞(東經 141 度以東，英國與澳大利亞託管領土)
海軍上將群島(Admiralty Archipelago)
新英國島、新愛爾蘭島與附近諸島

索羅門島	新赫布萊德島
聖塔克魯茲群島	新克連多尼亞島
愛麗思群島	忠誠島
斐濟群島	伽斯特菲德島

4. 東太平洋總督：夏威夷、豪連德、貝克與菲尼斯群島、雨島馬奎薩斯與托摩圖島，社會島，庫克島與南島、薩摩亞島、東加島

5. 澳洲總督：澳大利亞全部與塔斯馬尼亞

6. 紐西蘭總督（暫定的名稱）：紐西蘭南島與北島、馬奎里島、南回歸線以南，東經160度以東，最遠到南極區內的海域。

7. 錫蘭總督：錫蘭；與以下疆界南部的印度：從葡萄牙屬哥爾（Portuguese Goa）北部邊界的西海岸，到大瓦與貝拉里的北部，到貝拿河，並沿著貝拿河北岸一直到東海岸的那洛雷。

拉卡代群島、加勾群島、色加利斯島、馬利修斯島

8. 阿拉斯加總督：阿拉斯加、于宮省，及該省與馬岢吉河、亞伯達、英屬哥倫比亞、華盛頓州

9. 中美洲總督：瓜地馬拉、薩爾瓦多、宏都拉斯、英屬宏都拉斯、尼加拉瓜、哥斯大黎加、巴拿馬、哥倫比亞，與委內瑞拉馬的拉開柏地區、厄瓜多爾、古巴、海地、多明尼加、牙買加、巴哈馬、百慕達，英國與荷蘭幾內亞，以及里華群島上英國與法國屬地的未來，將在戰後由日本與德國協議決定之。

10. 假如對日宣戰，墨西哥必須割讓東經95.30以東的領土給日本。假如祕魯加入對日戰爭，則必須割讓緯線十度以北的土地。假如智利加入戰爭，就須割讓緯線24度以北的硝石區。

獨立國家

1. 東印度群島王國：東印度群島的所有荷蘭屬地、英屬婆羅洲，拉布安，沙拉瓦克、汶萊、可可島、聖誕島、阿達曼島、尼可巴島、葡萄牙屬迪摩（將購置）

2. 緬甸王國：英屬緬甸與阿薩姆，及恆河與布拉馬普陀間的孟加拉

3. 馬來王國

4. 泰國

5. 柬埔寨王國：柬埔寨與法屬交趾支那

6. 安南王國：安南、寮國與東金

軍國主義的天皇政權導引日本人民至一個悲劇性的災難與
全面無條件的投降。

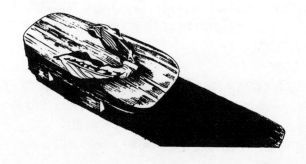

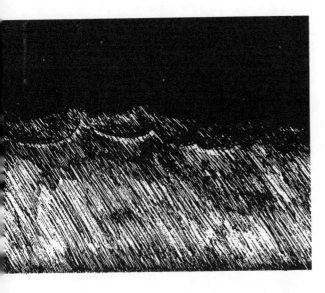

1945 年三月十日，一次對東京的燃燒彈轟炸，殺死了十二萬四千人，比原子彈轟炸的死亡人數還高，也比美軍在大戰期間陣亡人數高出兩倍。

法西斯主義的總表

義大利、德國、西班牙與日本的法西斯政權因來自不同的
歷史與傳統，而表面上有所差異。但是，它們都有以下的
一些共同點：

1. 一種混合偏激觀點與神秘主義、聽起來像左派的口號及
   保守政策的政治哲學。

2. 一個強大的國家，有個強勢的行政部門，執行政務不須
   經過民主程序，厭惡資產階級的民主政治。

3. 痛恨以階級差異與階級對抗的觀念為基礎的共產主義與
   社會主義的政治運動。法西斯主義反對這些觀念，以取
   代否認勞資之間有階級利益差異的勞資合作主義政府為
   目標。

4. 一個群眾政黨走半軍事（paramilitary）路線，從不滿與
   遭剝奪的勞工階級吸收部份成員。

5. 對權力極渴慕，並且於行事上展現出對暴力的崇拜。戰
   鬥訓練與暴力容易養成麻木不仁與病態的特質。

6. 威權體制強調一致性、守紀律與順從。整個社會被軍事
   化，由一位救世主式的領袖所統治。

7. 培養非理性，因為衝動比邏輯思考重要。非理性導向對死亡的崇拜。西班牙法西斯主義的口號：**死亡萬歲！**（Arriba la Muerte）即為明證。

8. 對傳奇古代的懷念。例如，義大利法西斯黨對羅馬帝國的懷念。在德國，原始尼布龍根（Nibelungen）神話的景仰。黑衫軍（SS）的字頭是使用維京時期流傳下來的北歐文字（Runic letters）所寫成的。日本復興重振中古世紀武士道的精神。

9. 厭惡知識份子。法西斯主義者批評他們侵蝕古老的根基與傳統價值。

10. 法西斯主義宣揚榮耀勞工與農民的尊嚴為衣食父母的角色。因而，農村生活成了一個理想化的景象——健康的田野相對於腐化的都市。

11. 男子氣概。女人被貶低至傳統的角色，例如家庭主婦、傭人、護士、並且為國家戰爭機器生育「純種」的戰士。

12. 法西斯主義經常接受工業大亨與大地主的資助。

13. 法西斯的選民絕大多數來自中產階級，特別是深受經濟危機困擾的下層中產階級。

14. 法西斯主義需要代罪羔羊作為敵人——「外人」成為社會攻擊與仇恨的目標。

本質的法西斯主義代罪羔羊

世界上大部份的社會裡，「外人」扮演一個很重要的負面角色。外人可能是一位新教徒或天主教徒、印度教徒或回教徒、賽爾維亞人或克羅哀西亞人、白人或黑人、移民或愛滋病患。外人是由種族與文化的差異來區分的，這種差異包括膚色、信仰、飲食習慣與性別態度。外人的原意就是異質的與拙劣的。

對歐洲納粹主義者來說，猶太人就是外人。猶太人有自己的宗教、文化、緊密的社群、飲食的律法、服飾與行為的禮儀。

萬西會議（The Wannsee Conference）

猶太人被認為與全世界的猶太人互相串通，試圖掌控世界金融與國際左派行動。納粹瘋狂的觀點，整個加起來，成為一個錫安主義陰謀論。猶太人污染了社會，必須要消毒除盡。

1942 年一月二十日，祕密警察的頭子，也是希特勒喜歡的劊子手來哈德‧海得立奇（Reinhard Heydrich）在柏林附近的萬西與十五名納粹最高官員舉行了一次會議。

據我們領袖所訂的策，現在終於是解決猶太問題的時候了

在這個最終的解決裡，有大約一千一百萬名猶太人包括在內。

即使在日本，沒有猶太人，政府仍然虛構一個「猶太-同濟會-布爾雪維克的」陰謀，自圓其說以對中國的侵略，一個參加1938年德國維耳丁斯特大會的代表團宣稱。

日本士兵為打擊這個陰謀、拯救世界而戰死。

那些是法西斯主義吸引人的地方？

多年來，書籍、電影與電視已經建構了許多法西斯主義的刻板印像。法西斯主義份子被描繪成穿著馬靴、有虐待狂的機器人。這種描繪有些寫實，但是絕對無法涵蓋加入法西斯黨的大多數人。法西斯主義如何吸引住「一般人」？

弔詭的是，在群眾中服從給你認同感、並分享國家與族群
的力量。法西斯主義訴諸年輕人的浪漫主義，為共同的目
的奮鬥犧牲，展現猶如戰場上的同袍愛。

在危險與吃苦耐勞的無私與患難經驗中，社會的差異消弭
於無形。

法西斯主義提供你一個清清楚楚的**敵人**。

法西斯主義的「綠色」

法西斯主義充滿了懷舊——憧憬期盼著工業革命前的「好時光」。特別是德國文化裡有一種十九世紀浪漫主義的傳統，強烈的批評工業社會。

從愉悅中獲取力量

三〇年代希特勒青年軍健行走遍德國，代表國家社會主義意識形態的「綠色」成份。

在希特勒青年軍與義大利的類似團體**巴立拉**（Balilla）中，男性間的友誼相當堅固。也有女性運動，例如德國**女青年會**（Bund deutscher Maedel）。

傳播媒體--如何使得法西斯主義具有魅力

法西斯主義掌權之時，政客仍然靠著大衆集會與演說來鼓動支持的群衆。

但是，報紙已成為政治的武器，無論左派或右派都很會運用。

蘇俄革命宣傳組織（agitprop）擅長使用收音機與電影等大
衆傳播媒體。

收音機可以傳達信息給更多聽衆，比任何大衆集會都來得
多，而且它可以超越國界。

但是，它可以輕易的被政府所管制。

戰時義大利的收音機改裝為只能收聽到政府的電台，…而
且每台都由官方封印。

在德國，「人民收音機」的製造，承認傳達其領導人演說
的重要性。

電影

在義大利、德國及蘇俄，電影早已被認定為宣傳工具並且大量使用。

在納粹統治下，德國高度發展的電影工業，大量製作帶有宣傳主題的大眾娛樂片(例如：反猶太、富裕的農人生活、英勇的戰役)。

技術高超的導演萊芬斯達(Leni Reifenstahl, 1902-)的記錄片美化了 1934 年的紐倫堡大會及 1938 年柏林的奧林匹克運動會。

如果比較納粹的集會與柏克來（Busby Berkeley）所導的好萊塢歌舞劇，兩者都發揮了非個人化的舞蹈藝術。

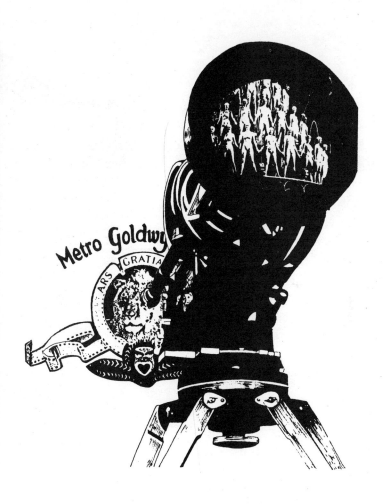

死亡的猥褻照片

德國的攝影技術早已很先進。第一台手提的十六釐米照相機使用於各戰場上。

德國士兵照了無數的射殺、絞刑、毒氣室的特寫——是種族屠殺無可辯解的證據。這個多少說明了為什麼德國軍隊與蓋世太保的罪行紀錄如此完整。德國的戰俘身上常帶有這種當作紀念品的死亡猥褻照片。納粹對苦難與死亡的視覺紀錄，是現代色情的「殘暴殺戮影片」（snuff movies）與由美國國家廣播公司（NBC）所推動「寫實電視」的先鋒。

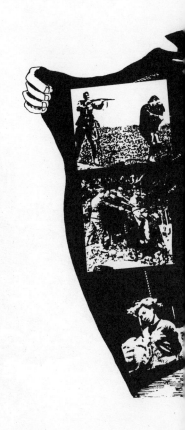

在歐洲占領區內，大量流通的戰時納粹雜誌「信號」使用最新發展的彩色圖片。

信號雜誌（Signal）提供讀者各種宣傳圖像——「德國大軍（Wehrmacht）對抗布爾喬亞的歷史性大戰」——「德國軍隊在前線的英勇事蹟」。

信號的排版技術在戰後被大眾媒體如巴黎競賽（Paris Match）所採用。

藝術

雖然納粹的經濟政策支持重工業，但是農人生活的題材，
腳踏實地的勞動及多產性都在藝術上被宣揚。

另一個焦點則是寫實的與英姿煥發的人體。

男性裸體被賦予濃厚的同性戀色彩。女性體態則是如裸體
雜誌上精準的生理結構，與理想完美的身材。

色欲主義很容易淪為色情。

不管怎樣，總是要……

人們不講道理、思想謬誤、自我中心，

不管怎樣，總是要愛他們；

如果你做善事，人們說你自私自利、別有用心，

不管怎樣，總是要做善事；

如果你成功以後，身邊盡是假的朋友和真的敵人，

不管怎樣，總是要成功；

你所做的善事明天就被遺忘，

不管怎樣，總是要做善事；

誠實與坦率使你易受攻擊，

不管怎樣，總是要誠實與坦率；

你耗費數年所建設的可能毀於一旦，

不管怎樣，總是要建設；

人們確實需要幫助，然而如果你幫助他們，卻可能遭到攻擊，

不管怎樣，總是要幫助；

將你所擁有最好的東西獻給世界，你可能會被踢掉牙齒，

不管怎樣，總是要將你所擁有最好的東西獻給世界。

（錄自加爾各答兒童之家希舒·巴滿牆上的顯示）

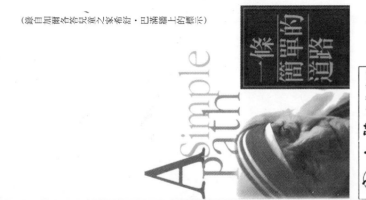

一條簡單的道路
A Simple Path

大樹文化公司
NEW CENTURY PI BLISHING CO.LTD

231

台北縣新店市中央6街62號一樓

立緒 文化公司 收

地址：市 縣 路(街) 段 巷 弄 號 樓
　　　　鄉鎮 市區
（請用阿拉伯數字書寫郵遞區號）

姓名：

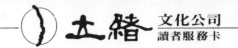

※謝謝您購買立緒文化公司的書·請您詳細填寫本卡各欄
寄回給我們(免貼郵票)·以便我們有為您服務的機會。

您購買的書名：_____

購買書店：_____ 市·縣 _____ 書店

您習慣以何種方式購書？
□①逛書店 □②劃撥郵購 □③電話訂購 □④傳真訂購
□⑤團體訂購 □⑥銷售人員推薦 □⑦其他_____

您從那裡得知本書消息
□①逛書店 □②報紙廣告 □③親友介紹 □④廣告信函
□⑤廣播節目 □⑥書刊 □⑦銷售人員推薦 □⑧電視節目
□⑨其他_____

姓別：□男 □女 婚姻：□已婚 □單身

年齡：民國 _____ 年生

職業：□①製造業 □②銷售業 □③金融業 □④資訊業
　　　□⑤學生 □⑥大眾傳播 □⑦自由業 □⑧服務業
　　　□⑨軍警 □⑩公 □⑪教 □⑫農漁牧業 □⑬其他

教育程度：□①高中以下 □②大專 □③研究所

兩大世界宗教領袖的生命智慧
教宗若望保祿二世 **跨越希望的門檻** 精裝350元 平裝280元
達賴喇嘛 **生命之不可思議** 定價230元

神話 內在的旅程·英雄的冒險·愛情的故事
內容摘要 ⊙ 神話教導您認識自己的生活，婚姻是
人生中的一個神話經驗，故鄉是你首先發掘人性的地方。
定價 360元

立緒文化公司 電話：(02)219-2173 傳真：(02)219-4998
劃撥：1839142-0號 立緒文化事業有限公司帳戶

禪學與漢方醫學

從禪宗思想談醫藥與養生

最新出版

本書可以稱為「醫學的哲學」書，面對生死的無奈，從禪宗的思想來談醫療與保健。

本書為日本花園大學佛教學系所舉辦「禪與東洋醫學」系列講座之一，並由該大學禪文化研究所發行，參與講座者，皆為日本佛學、醫學界知名人士。

定價／250元

聯合報《讀書人》
82位評審委員評選
文學類年度
最佳書獎

定價／360元

神話

媒體熱烈推薦!!
優良人文通識書

THE POWER OF MYTH

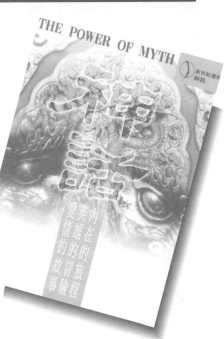

分享一代宗師的智慧結晶

從神話學來分析當代大眾流行文化，神話學大師坎伯的著作，數十年來，在西方世界始終魅力不減，並被列為美國高中生課外讀物之一，其作品富於散文節奏兼具博學睿智，字字珠璣。

譯成中文出版後普獲好評，媒體並熱烈推薦，成功大學閻振瀛教授認為坎伯的神話觀可以擴大一個人的心靈視野，提供人生突破之路，對任何一個有存在感的現代人來說，都會發揮「開卷有益」的威力。

神話學大師坎伯
(Joseph Campbell)

定價／300元

回歸自然倫理的一本書
統獨可以休兵 族群不必紛爭

THE END OF THE NATION STATE

民族國家的終結

The Rise of Regional Economies

大前研一在這本極為重要的著作裡指出,民族國家已是氣數將盡的恐龍・餘日不多了。民族國家不但已經喪失控制匯率和保護其貨幣的能力,並且不再創造真正的經濟活動,過去民族國家在創造財富上一度極具效率,如今卻淪落到彆腳的財富分配工具。

企業管理人和政策制定者必須記住,人民是最優先的考慮,其次才是國家的疆界。此一鏗鏘有力的分析,將重新界定未來數個世代間,全球化經濟的運作面貌。

作者：大前研一簡介

大前研一為世界知名的國際策略運作專家,曾協助許多跨國企業進行企業策略規劃,改善企業獲利能力,組織結構重整等方面的工作,同時許多國家政府亦向其請益。

● 佳評摘錄

石滋宜
(中國生產力中心總經理)

大前研一是「無國界世界」概念的先知。延續著一貫喜愛的「全球化」主題,在其新作《民族國家的終結》一書中,更淋漓盡致的發揮了他「無國界世界」的主張。

石之瑜
(國立台灣大學政治系教授)

作者這本對於民族國家的祭文,也表現了他對於文明衝突的不屑一顧。他既不相信歷史即將終結,而認為人們在意識型態與民族國家兩個舞台之外,仍能創造新的歷史。作者勇敢的批判了西方民族國家的歷史結構,但卻等於也是在宣告西方的文明史,將要進入新的歷史階段。

吳惠林
(中華經濟研究院研究員)

…其實,大前研一的此種論說,只是回歸到「人」的本位,讓每一個人重新成為活生生、有血、有肉、有主見、有責任、有自信的個體。這是一七七六年經濟學的鼻祖亞當史密斯那本《原富》的主旨,沒想到這種迷失兩百多年的古典精神,又重現在大研前一這本書裏。書中的道理非常切合當前的台灣,尤其對那些迷失在統獨意識、族群紛爭、國家認同意識型態迷霧裏的政客,更有必要好好閱讀這一本書。

耐特
(Philip H. Knight, Nike公司董事長兼總裁)

「當今作家之中,最擅長歸納並預測國際企業的快速變遷者,非大前研一莫屬。《民族國家的終結》

作者：詹姆斯・法羅斯James Fallows簡介

　　為《大西洋月刊》的華府主編，美國國家公共廣播公司每週評論員。第一部作品《國防》（National　Defense）獲得美國一九八一年度國家好書獎（National Book Award）。

這些壯麗形象是為了打擊現代主義頹廢的藝術。

你無法從猶太人、布爾雪維克及黑人的頹廢藝術中獲得正確的人生觀。

那麼，到底什麼是納粹的正確人生觀？
日耳曼男人與日耳曼女人——金髮的、強壯的、健美的、雄糾糾的！
前線的戰士——嚴肅的、果決的、浪漫的。

未來的憧憬

義大利的工業不如德國的先進。未來主義（一種早期的現代主義運動）歌頌機械時代的來臨，並將徹底改變落後的義大利。「未來的憧憬」符合了法西斯主義的胃口。

未來主義主要的理論家馬利納提（F. T. Marinetti）頌揚戰爭的美感與空中轟炸的美景。

馬利納提的未來主義宣言（1909）

「我們將頌揚戰爭——世界上唯一的衛生學——軍事主義，愛國主義，是自由主義者致命的一擊，是值得為之殉道與睥睨佳人的美麗觀念。」

「一輛賽車的引擎蓋上裝飾著像是呼嘯如雷的巨莽似的管子。狂飆的車好像乘著炮彈似的飛馳——比薩模斯競賽（Samothrace）的勝利雕像還漂亮。」

「我們應該齊聲讚美駕車的男子，他擲出精神的長槍繞行地球的軌道。」

漫畫

法西斯主義擅於利用歐洲這個為時已久而惡名昭彰的傳統
——反猶太及種族主義的漫畫。

義大利的法西斯宣傳品
把他們殖民地的黑人女
性醜化成提供征服者的
性服務戰利品。

後來，1943 年盟軍佔
領南歐，美國黑人大兵
被視為強暴犯型的性威
脅。富裕墮落的美國人
也是義大利的另一個錯
覺。

從莎士比亞文中
的席拉克（
Shylock）開始。

象徵與儀式

萬字旗（swastika）來自梵文的**斯瓦斯地**（svasti）乃福報之意，並為古代太陽的象徵。象徵著純種德國人是來自神秘亞利安族的傳說。

這只是法西斯主義諸多象徵之一。
還有許多儀式…
——參加大眾集會與典禮。
——公開宣誓效忠，親吻國旗。
——法西斯的葬禮禮拜。
——點名時，習慣上替陣亡的戰友喊「有」。

建築

法西斯政府的建築物不僅是壯麗而且是古典的，有羅馬帝國時代的雄偉遺風。

希特勒的建築師，亞柏‧史匹爾
（Albert Speer,生於 1905）。

羅馬郊外 EUR 42 大樓區曾被規劃為 1942 年偉大的羅馬世界博覽會的地點。

義大利的建築如同文學與藝術一樣，由於受到未來主義的現代論者的影響，而與德國有所差異，未來主義的現代論者僅在表面上接受法西斯主義是「革命性的」。其結果是與誇耀的帝國建築迥異的建築形態，並產生了一些傑出的大廈與都市設計。

法西斯主義的終結？

當戰事已經確定無望時，德國的高級將領在 1944 年試圖推翻希特勒。

德國法西斯主義的潰敗，不是來自內部的反對，而是外來的武力──主要是由史達林格勒一路攻打到柏林、死傷慘重的紅軍。

日本型的法西斯主義也是被優越的盟軍所擊敗
的。

西班牙的法西斯主義在戰後社會與經濟的壓力
下消失殆盡──主要是由於美國及北大西洋公
約組織有意鞏固冷戰時期的地中海。

義大利的情形就不一樣──我們待會兒再談。

盟軍的勝利結束了某些形式的法西斯主義。這
並不表示法西斯主義就不會以其他類型或不易
察覺的面貌出現。

相信盟軍勝利終結法西斯主義的說法主要是認
為勝利確實改變了前法西斯主義及其同盟國等
國家的經濟與社會結構。這些變遷是真的嗎？
讓我們看看 1945 年無條件投降後的日本。

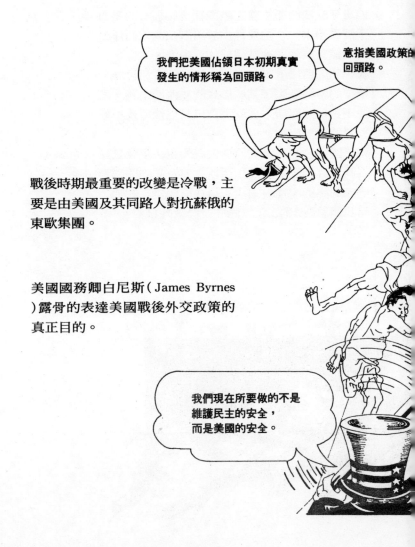

我們把美國佔領日本初期真實發生的情形稱為回頭路。

意指美國政策的回頭路。

戰後時期最重要的改變是冷戰,主要是由美國及其同路人對抗蘇俄的東歐集團。

美國國務卿白尼斯(James Byrnes)露骨的表達美國戰後外交政策的真正目的。

我們現在所要做的不是維護民主的安全,而是美國的安全。

1945 年，盟軍與在華盛頓的新政（New Deal）民主黨人原本計劃在日本達成兩項民主改革。

1. 剷除在政府、軍隊、金融、產業各部門內的所有法西斯主義份子。

2. 瓦解金融與產業體系內曾經參與日本戰爭機器的龐大獨佔財閥（zaibatsu），建立一個真正民主自由的經濟。

這些改革是否實現？

日本最後的幕府將軍？

麥克阿瑟將軍在日本擔任美軍佔領軍的最高統帥直到
1951 年，他有幾乎完全自主的決策權。

不但沒有解散非法的右翼組織，軍事情報局 G-2 部門反
而雇用他們來調查共產黨的活動。

GENERAL ELECTRIC 通用電子
WESTINGHOUSE 西屋
ASSOCIATED OIL 聯合石油
GOODRICH 固力奇
AMERICAN CAN 美國罐頭

NISSAN 日產
MITSUBISHI 三菱
TOSHIBA 東芝

大型財閥如日產、三菱、東芝等，不但沒有被解散，反而
受到美國大企業資金的支持。

冷戰很快的於 1950 年在韓國發展成一個醜陋的小型熱戰，而且紅色中國也加入戰鬥。對抗共產黨的戰火也在中南半島的法屬殖民地及馬來亞的英屬殖民地點燃———一步步的來到越南。

這說明了日本重建的「經濟奇蹟」。

不存在的軍隊

日本的軍隊，名為自衛隊（jieitai），在世界上可以說是最龐大且最具效率的部隊之一。但自衛隊其實是不應該存在的。根據佔領軍所加諸的和平憲法第九條：

第九條

日本人民從此放棄戰爭為國家獨立自主的權利…陸上、海上及空中的武力及其他可能的戰力都不准擁有。國家交戰的權利將不被承認。

1970 年 11 月 25 日，作家及諾貝爾獎候選人三島由紀夫，與三名他的私人部隊幹部，持武士刀在一個東京軍事總部綁架了一名將軍。

我要求對總部的人員發表演說。

三島的演說呼籲以軍事政變，推翻和平憲法，重歸天皇的權威。他指出非法「影子軍隊」（shadow army）的明顯矛盾。

自衛隊所保衛的正是否認它存在權利的制度——和平憲法。

三島並沒有能煽動一場軍事叛變。在將軍的辦公室,他切腹自殺。三島的許多恐怖主義行徑,至今仍然無法解答。特別是一個老百姓如何獲准與自衛隊一起訓練他的非法私人民兵幹部?右翼民兵組織在當時並不少,但是他們自從成為與如黑手黨式幫派黑道結合的右翼政客的貼身保鏢後,漸漸明目張膽。

1992 年十月十六日,**國際先鋒論壇報**(International Herald Tribune)報導,自衛隊矢內上校(Shinsaku Yanai)呼籲軍事政變以便「掃除日本的貪污腐敗」。

在佔領的德國呢？

雖然，在盟軍的佔領區內對納粹軍官的整肅剛開始比較有效率，但很快就告停。就像在日本一樣，解散大型工業財團的計劃開始走回頭路，西德迅速便被改造成冷戰時美國的同盟。

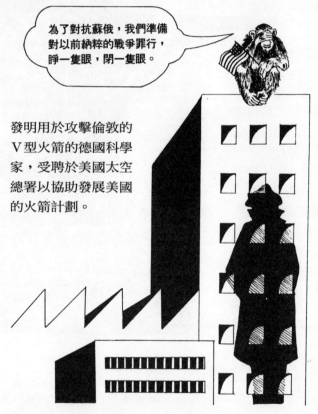

為了對抗蘇俄，我們準備對以前納粹的戰爭罪行，睜一隻眼，閉一隻眼。

發明用於攻擊倫敦的Ｖ型火箭的德國科學家，受聘於美國太空總署以協助發展美國的火箭計劃。

接管由納粹設立的情報組織。

1964 年三月，德國聯邦總統海瑞奇・魯柏克（Heinrich Lübke），頒授平民最高的榮譽勳章給工業家比德費斯（Bütefisch）。魯柏克曾經為生產 V 型火箭設計集中營，組織奴隸勞工。比德費斯曾在紐倫堡大審中，由於他參與 IG 法本公司的奧斯威茲（Auschwitz）特殊集中營的罪行被判有罪。奧斯威茲集中營是一個死亡集中營，由蓋世太保及當時歐洲最大的工業集團所合作管理經營。

西門子公司與蓋世太保簽署協定，從奧斯威茲，布城瓦德（Buchenwald）及拉文布魯克（Ravensbruck）集中營獲得廉價勞工。 BMW 是從達橋集中營獲得奴工。 IG 法本公司在奧斯威茲旁建立自己的特殊集中營，主要是準備生產人造橡膠。建設工廠時，至少死了五萬名奴工。

IG 集中營是 IG 法本公司最大的投資， 1941 年時耗費了兩億五千萬美元。

過去的共謀者又如何呢？

讓我們看看法國維琪政府

1942 年，波龐（Maurice Papon）充當以波爾多為省會的吉榕德省秘書長。他當時負責送走 1690 名猶太人。 1961 年他擔任巴黎的警察總長，當時有兩百名和平示威的阿爾及利亞人遭到殺害。 1981 年，他曾在季斯卡政府（Giscard d'Estaing），擔任預算部長。

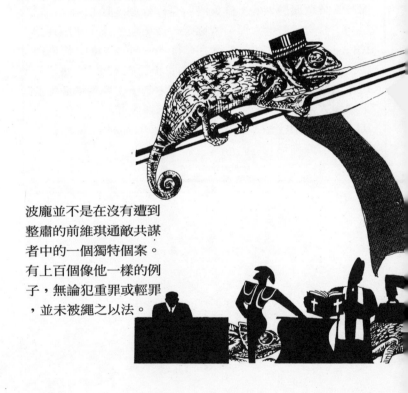

波龐並不是在沒有遭到整肅的前維琪通敵共謀者中的一個獨特個案。有上百個像他一樣的例子，無論犯重罪或輕罪，並未被繩之以法。

藏匿與逃亡之路

戰後初期，大量法西斯主義者，逃過戰火及集權政府的崩潰，仍然逍遙法外，而且常常還身居官職。

起初，大部分的法西斯活動，僅限於解救及藏匿過去法西斯組織的大頭目，而且串連各個陣線。

法郎哥的西班牙，沙拉薩（Salazar）的葡萄牙與南美各國都是逃亡的法西斯主義份子的天堂。義大利也提供逃亡之路給梵蒂岡的共謀。在貝當所統治的法國維琪區域裡，教會窩藏納粹戰犯。

義大利的個案

在義大利，法西斯主義的潰敗，則走出了一條獨特的道路。1943年七月十日，英美軍隊，受到黑手黨物資上的協助，登陸西西里島。1943年七月，伊曼紐國王（King Victor Emmanuel）將墨索里尼革職。

巴多古里歐元帥是一位右派君主主義者，他與南義大利的盟軍和解，加入反抗德國納粹的戰鬥。

北部義大利在德國的佔領下，由墨索里尼成立薩羅共和國（Salò Republic）傀儡政權。

在北部，義大利反抗軍的武力抗爭，主要針對著薩羅共和國及德國部隊。

邱吉爾決心要抵制反抗軍的社會與政治要求

伊曼紐國王由於與墨索里尼掛勾的汙名，讓位給他兒子烏柏托。大眾對王室的不滿，展現在 1947 年公民投票決定是否成立共和國。

但是，難以與過去劃清界限。

阿比西尼亞、希臘、南斯拉夫有一連串的戰犯，包括巴多古里歐及其他高級軍官。

但是，英軍阻擋不讓他們繩之以法。

盟軍為了順利將冷戰轉型成新民主，讓法西斯法律仍然留在法典上，法西斯的法官及政府官員繼續在位。法西斯的地方官繼續掌權，就像法西斯的警察頭子一樣。

雖然英國於戰時的最後階段在義大利掌有實權，戰後，美
國成為民主右派的支持者。援助右派的工會，提供競選資
金及宣傳，決心抵擋左派勢力。

美國擔心共產黨將會因為他們在反抗軍的領導地位，獲得
1948 年的選舉勝利。

所以，美國政府與其情報組織大肆干預，不僅雇用、資助
並武裝惡名昭彰的法西斯主義份子充當幕後的地下組織軍
刀（Gladio），以便對付左派及應付蘇俄入侵西歐的假想
威脅。這些單位連同由美國中央情報局所支持的義大利情
報組織及軍隊形成可怕的聯盟。

冷戰政策在義大利的後果

左派、右派及中間民主黨派間難分難解緊張關係的政局，可以解釋後來義大利所發生的事件。

在這種政治氣氛下，第一個新法西斯黨迅速成立，即是由南部地方大老與前法西斯主義者所資助的**大眾陣線**（Fronte dell'Uomo Qualunque）。

對西西里島共產黨徒的屠殺

不顧教會、封建地主及黑手黨槍手的羞辱，西西里農人在 1947 年四月二十日，不投票給基督民主黨，而支持共產黨所提的土地改革。地主及黑手黨向朱立亞諾求助。二十三歲的「土匪之王」朱立亞諾（Salvatore Giuliano），以羅賓漢的角色起家，夢想在西西里獨立建國。

1947 年受命於黑手黨的幫主，朱立亞諾黨徒以機槍掃射在季拿斯陀舉行的五一遊行大會上，格殺了 11 人，受傷的有 55 人。

警察、基督民主黨的頭子及盟軍的情報員都知悉朱立亞諾的屠殺計劃。

他們要土地？我們就送他們吧！六尺之深。

大眾陣線的黨員，很快的被基督民主黨的右派所吸收，也被西歐第一個明顯的新法西斯政黨——義大利社會行動黨（MSI）所吸收。如同大眾陣線，社會行動黨起源於南部，既沒有嘗過德軍的長期佔領，也沒有參與反抗軍行動。

七〇年代，新法西斯政黨成為由反抗運動中孕育而生的民主共和國的真正威脅。

七〇年代的義大利歷經嚴重的經濟蕭條。右派的基督民主黨與共產黨處在政治的僵局——緊張的氣氛最適宜於恐怖主義的肇事了。

一位無政府主義者的意外死亡

1969 年的十二月，一顆炸彈在米蘭的一家銀行爆炸，殺死 16 人，炸傷 88 人。

兩天後，皮那里（Pinelli）從負責調查爆炸案的警察局長四樓辦公室窗口「掉下」。

我們逮捕了鐵路員工——無政府主義者皮那里，因他涉嫌重大。

很明顯是自殺。

後來發現爆炸案是由與特勤組織（SID）及義大利社會行動黨有關連的新法西斯主義者所幹的。義大利社會行動黨當時在國會已是一個小型但地位穩固的政黨了。

1970 年十二月
，柏菲斯王子（
Prince Julio
Valerio Borgh-
ese）在 1944-45
年間曾擔任惡名
昭彰、殘暴兇狠
的薩羅共和國反
游擊部隊的指揮
官，與由一名義
大利社會行動黨
政客所領導的前
空降部隊成員，
佔領內政部。這
個政變行動，一
直到 1971 年三
月才公諸於世，
包括柏菲斯是軍
刀組織的成員，
證據顯示他與軍
隊及特勤組織頭
子有所掛勾。

1974 年，四名
將領被告參與陰
謀，全部都被釋
放。

國會外的其他新法西斯團體，如新秩序（Ordine Nuovo）——義大利社會行動黨的外圍組織，和武裝革命小組（Nuclei Armati Rivoluzionari）都曾涉入恐怖行刺司法人員行動，及炸彈攻擊波隆那的火車站，並炸死 86 人。

當時，為了要營造「紅色恐慌」（Red Scare），這一類的殘忍暴行，總是嫁禍於像「紅色軍團」（Red Brigade）的極左派。紅色顛覆其實都是由新法西斯主義者所一手導演的。極右派想透過軍隊、特勤組織與新法西斯主義的關係，藉這一連串「情勢緊張策略」的事件製造威權體制的先決條件。

別問難堪的問題

1975 年十一月二日，作家、電影製片家皮耶爾·巴索里尼（Pier Paolo Pasolini）被發現傷痕纍纍的橫屍在羅馬附近奧斯地亞的荒地上。官方認定巴索里尼是死於同性戀的糾紛一事，仍然值得存疑。七○年代中期，綁架、暗殺、炸彈攻擊很常見，有一些新法西斯主義者想藉此來「封住」巴索里尼這一個惡名昭彰的共產黨員同路人的大嘴巴，也是有可能的。

我知道現行慣用的法西斯私刑法條。他們用來對付我的文字檢查與各種控訴，已經不計其數了。

就在巴索里尼遭謀殺不到一個月前，巴索里尼在一篇〈夜報〉的文章（Corriere della Sera, 1975 年 9 月 28 日）中提出下列的問題：

在整個義大利民主的進程裡，一方面籠罩著黑手黨可能是共犯的疑雲，另一方面卻又表現出一無所知。這種情形幾乎是自然而然的與權力中心達成了一個協定───一種心照不宣的策略。

義大利人想要知道西法（Sifar）＊的真正角色是什麼？

義大利人想要知道席德（Sid）＊＊的真正角色是什麼？

義大利人想要知道中央情報局的真正角色是什麼？

義大利人想要知道到底黑手黨參與羅馬政府的決策及共謀的程度有多少？

義大利人想要知道所謂法西斯主義「政變」的真相是什麼？

義大利人想要知道到底是那些人(起初是反共產黨員，後來連反法西斯主義者也不放過)？到了何種程度？推動所謂「情勢緊張的策略」。

義大利人想要知道是誰指使策動並資助米蘭、布來西亞（Brescia）及波隆那（Bologna）的屠殺事件？

但是，義大利人想要知道的就是整件事情的真相，其來龍去脈，以及我一開始所條列的其他所有的潛在罪行的真相。除非義大利人瞭解這些事情的真相，不然義大利人民的政治意識是無法產生一個嶄新的認知的。也就是說，義大利是無法被治理的。

＊(1)軍事情報單位(名稱已改)
＊(2)反情報單位(已遭壓制)

在 1975 年代，問了這些(與其他)難堪的問題，就足以教巴索里尼命喪黃泉。

義大利社會行動黨在義大利落後的南部仍然保有相當勢力。但是,在比較富裕、高度工業化的北義大利,法西斯式的「聯盟」在八〇年代已然出現了。支持「聯盟」的有一部分是來自對左派失望的勞工階級選民。

左派令我們洩氣失望。

我們的國會制度腐敗無用。

我們已經受夠了黑手黨的權力。

以及南義的經濟

聯盟代表著對國會政府的鄙視，及一種新的事物——種族
主義。傳統上，種族主義並非義大利政治的一個因素。但
是，現在出現針對南義大利人、非洲人、及摩洛哥人的種
族主義。

拉文那（Ravenna）主教警告「伊斯蘭化」（Islamicization
）的危機，使用其他國家極右派所用的主要詞彙。

西班牙的個案

七○年代的西班牙，法西斯主義的暴力行動再度興起。日益擴張的經濟體系需要一個更自由化的政治體系，法郎哥政權對此的退讓是危機的表徵。結果導致法郎哥死後，王室的復辟。天主教自由派及左派力量的興起，即使保守的**天主教黨**（Opus Dei）也與舊法蘭吉（Falange）保持距離。

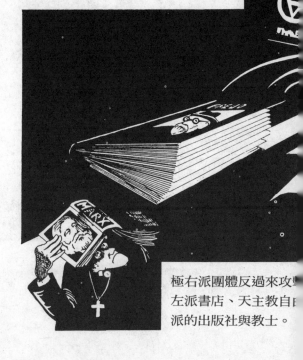

極右派團體反過來攻擊左派書店、天主教自由派的出版社與教士。

西班牙國民社會主義黨
（Spanish Nationalist Socialist Party）宣稱希特勒與墨索里尼是「歐洲文明的守護者」

反馬克思戰鬥的將士
（Commandos of the Anti-Marxist Struggle）

新力量
（Fuerza Nueva）新法西斯主義的政治協會

生組
基督
擊隊
erillas
hrist
King）

極右主義是對法郎哥獨裁政權的回味與懷想。仍然活躍而最具影響力的法西斯主義團體是成立於1965年的歐洲友人西班牙分社（CEDADE）。它是歐洲最活躍的團體之一，與許多其他國家的組織關係密切。

德國的新納粹主義(Neo-Nazism in Germany)

希特勒的潰敗與法西斯黨的黨禁延遲了極右勢力的興起。極右勢力以一個影響深遠的政治潮流再度崛起，一直要到1964年由一群小團體所混合的**國家民主黨**（NPD）的成立才開始。國家民主黨擅用東德過來的難民的怨恨，強調**國民**（Volk）的概念——德國民族為一神秘的社群。

現在NPD與德國民眾聯盟（DVU）關係密切，在1989年歐洲國會選舉時，提出D名簿（D代表德意志），獲得將近五十萬張選票。

這股勢力聯盟的領導人物吉爾哈特・弗瑞（Gerhard Frey）博士是出版界的大亨，提供大筆的資金，目的是為了改寫德國戰時的歷史，抹去戰爭罪過的謊言（Kriegsschuld-lüge）。

更重要的是在 1983 年成立的共和黨（REP），其領導人佛蘭茲・蕭弗柏（Franz Schoenhuber）曾經是一名瓦分蓋世太保（Waffen SS）。 1989 年共和黨在歐洲國會選舉囊括了兩百萬票之多，在史特拉斯堡（歐洲國會）獲得了六個席位。

全國民意調查顯示有達百分之七強的支持，及一次**德國選舉**（Land）高達百分之十的選票，共和黨宣稱是一個穩固的保守黨，它提倡支持強大的德國，恢復二次大戰前德國的領土疆界、道德及精神的復興，最重要的是更嚴格的外國人管制。

共和黨提出典型的法西斯政策，如工會服從國家、女孩強制性訓練為人妻母的角色、文字新聞管制、及保留外國人社會福利與政治權利。共和黨試圖與暴力的極端主義者保持距離，但是，在其崛起興盛的過程中，卻伴隨著更多對外國人的攻擊。

新納粹暴力呢？

自從西德與東德統一之後，對外國人的攻擊日漸增加。1991 年，有 1300 個案件發生，增加了五倍。百分之三十的攻擊發生在前東德。新納粹光頭族經常帶著汽油彈、鐵鍊、棒球棍攻擊旅館、迪斯可酒吧與露營區。

我們要沒有外國人的德國。

一百五十萬的土耳其工人滾蛋。

有太多的吉普賽人與德國黑人——吉普賽黑人與德國女人所生的小孩。

這股趨勢早已出現在統一之前的西德。

新納粹民兵團體接受軍事訓練，部署大量的武器軍火，而且籌劃攻擊外國人及猶太人的財產。

1980 年，民兵攻擊慕尼黑啤酒嘉年華會，殺死 12 人。

在前東德，種族主義是針對著外籍勞工，其中大部份是越南人。

黑人工人與學生，波蘭人與同性戀者都是仇外的對象。

自從柏林圍牆崩倒，出現了兩個強硬派的**新納粹團體**——德國的另類（Deutsche Alternativen）與**自由主義工黨**（Freiheitliche Deutsche Arbeiterpartei）。

共和黨乘機大有斬獲，在東德建立堅固的地盤。

德國當局估計，中堅的法西斯活躍份子，從 1989 年的兩萬兩千人增加到 1992 年的四萬人。這當中，超過四千人是官方所稱的「極端暴力的光頭族」。

新納粹主義產生的理由

那些因素促使德國新納粹主義的興起？有幾個明顯的問題引發了法西斯主義的反動。

左派之路的崩潰

西德的社會民主黨（SPD）是一個相當有力的左派反對勢力。戰後時期，社會民主黨的關鍵性地位，保證西德的保守主義不至於發展成狹隘的右派國家主義。

社會民主黨反對強硬的冷戰反共產主義策略，而提倡與東歐獨裁者對話，是改革（Glasnost）與重建（Perestroi-ka）的濫觴。

社會民主黨的改革主義與溫和路線，使得德國勞工階級免於史達林共產主義的毒害。

這些情況激起了人們對移民、外籍勞工及尋求政治庇護者的怨恨,而在以前的西德也有很多這些人。

東部的經濟崩潰了。

還有大量的失業。

但是,共黨的崩潰使得社會民主黨失去了這樣的角色,而且被指控為「姑息共產主義」。

德國保守主義何去何從？

西德中間保守勢力長期以來都是由執政的基督民主黨所代表。基督民主黨的領袖常常主張德國不是一個「移民國家」，而且使用競選口號「船已客滿」，來限制庇護權。

移民被當作外來者看待，無法融入德國社會。這種情況孕育出一種仇視外國人的氣氛，進而引發了新納粹的攻擊。

基督民主黨員對暴力事件的反應，則是一再的對種族主義者讓步，並允諾加強管制外國人的問題。

假如沒有團結的
左派反對勢力。

假如景氣蕭條惡化，
保守政府的信用破產。

誰會來填補
這個政治空
缺？

東歐的新法西斯主義

在東歐蘇俄霸權的獨裁政府崩潰之後，法西斯運動很快的就復興了。配帶著鐵十字的光頭族已經出現在匈牙利。在斯洛伐克，戰時的統治者——法西斯教士迪索的支持者也出現了。

在蘇俄，反猶太的民族主義團體——「回憶」（Pamyat'），支持者不少，與君主立憲及反猶太的**蘇俄人民正統行動組織**（The People's Russian Orthodox Movement）聯合在一起。

蘇俄自由運動（The Russian Freedom Movement）重新使用納粹十字。

加「回憶」組織，須要提供五個猶太姓名和住址。

光頭族

Skinhead

右翼文宣討論「白人的血」，不同於「黑人、黑白混血、猶太人」，而且看不起這些社會敗類。就如同在西歐，這些新興的新納粹團體與東西方意識形態相同的類似組織，都有串連。

英國的新法西斯主義

英國的種族主義的活躍程度不亞於德國（及其他地方）。
每年在英國，有大約七萬次的種族事件發生，從「輕微」
的騷擾到炸彈攻擊。

新法西斯主義團體自五〇年代開始，便以加勒比海的黑人
移民為攻擊目標。

運輸工會（TGWU）
在 1955 年的年會上

對移民加強管制。

1958 年發生諾丁漢
與諾丁山的種族暴動

六〇及七〇年代，被新獨
立的非洲國家逐出的亞洲
人大量的遷移到英國。

身為一名大英國協
的公民，我們有權
進入英國。

現在不行——失業
率日漸升高，社會
福利縮減。

1964 年 選 舉，一位保守黨候選人的競選口號。

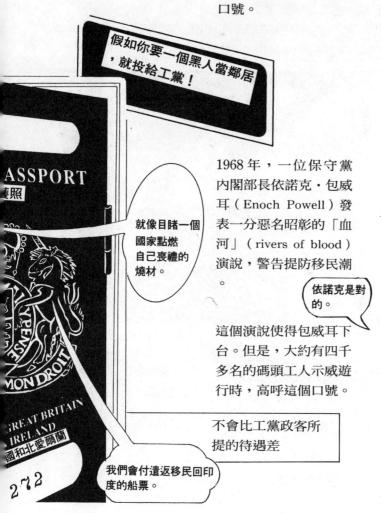

假如你要一個黑人當鄰居，就投給工黨！

就像目睹一個國家點燃自己喪禮的燒材。

ASSPORT
護照

GREAT BRITAIN
IRELAND
國和北愛爾蘭

272

我們會付遣返移民回印度的船票。

1968 年，一位保守黨內閣部長依諾克・包威耳（Enoch Powell）發表一分惡名昭彰的「血河」（rivers of blood）演說，警告提防移民潮。

依諾克是對的。

這個演說使得包威耳下台。但是，大約有四千多名的碼頭工人示威遊行時，高呼這個口號。

不會比工黨政客所提的待遇差

在這樣的種族偏見氣氛下，1967年成立的民族陣線（National Front）是由一群極右派的外圍團體所組成。在七〇與八〇年代期間，民族陣線成為英國法西斯主義的龍頭政黨。它從那裡找來的黨員？

1976年，民族陣線在住有不少黑人的倫敦南部選區——列維生姆（Lewisham），獲得百分之四十六的選票。

對工黨的地方政府大失所望。

選民像戰前一樣來自下層的中產階級、勞動工人、失業的年輕男性。

1977 年，民族陣線計劃在列維生姆（Lewisham）遊行。

我們要求內政部禁止這次遊行。

不，這是一個言論自由的問題。

就像 1936 年電報街的械鬥，法西斯主義的遊行碰到一個反遊行。但是這次不是由共產黨所組成的，而是由黑人青年支持的社會主義工人黨（SWP）與來自工黨、共產黨的成員所組成的。

列維生姆區議會

內政部長馬林‧雷斯

高等法院也駁回

法西斯的遊行必須在警察的保護下解散。後來，警察攻擊反法西斯的遊行者，逮捕200 多人。

民族陣線努力在各種工會建立地盤，在鐵路及萊連德（Leylands）汽車工廠都有黨員。

民族陣線發現 1971 年的工業關係法（保守黨控制工會的初步做法之一）太薄弱了！

民族陣線一直受困於派系分裂與鬥爭。八○年代初期，英國運動開始出現。它有一個細胞狀的祕密團體，稱為**英國國家社會主義運動**（British Nationalist Socialist Movement），與國外的關係密切。自從英國民族黨在 1982 年成立之後，就成為極右派團體中最重要的一個。它是一個公開的納粹政黨，黨的領導各個犯罪累累，從製造炸彈、到非法組織民兵、擁有軍火及違反種族關係法及公共秩序法。還有一群小團體，從事軍火走私。 1974 年，一個非常具影響力的團體聖喬治聯盟成立（League of St George），它只有五十名成員，大部份都非常富有。這個團體曾窩藏一群被控在義大利從事恐怖行動的德國法西斯主義份子。

反民族陣線的左派

1977 年，反納粹聯盟經由社會主義工人黨（SWP）與左派的工黨國會議員的串連而逐漸成形。廣受工會與地方工黨支持的反納粹聯盟，與深受許多年輕人愛戴的**「反對種族主義樂團」**（Rock against Racism）結盟，終於導致國家聯盟在後來的地方選舉一敗塗地。

在 1992 的選舉中，新納粹黨團提名爭取 14 個席位。結果一個也沒上。最高票是 665 票。

處處暗藏凶機。英國工人階級中男子氣概及鬥狠的習氣、光頭族的無業游民及足球惡棍,都可能助長新法西斯主義。

到目前為止,保守黨的傳統右派主義扮演一個安全閥的角色,奪取法西斯主義的威風。但是,愈來愈多人不滿於保守黨對付經濟蕭條的軟弱與無能。

法國的新法西斯主義

六〇年代當非洲人、阿爾及利亞人與猶太人受到種族主義份子的攻擊時,極右派已然崛起。

小型的恐怖組織以**青年陣線**(Youth Front)、**基督西方**(Christian West)、**三角戰士**(Delta Commandos)等名稱出現。他們對個人與商店的攻擊在八〇年代達到高峰,這類「行動」超過六十次。

針對反猶太的事件,登記有案就有 235 件。

由拉朋（Jean-Marie Le Pen）所領導的**民族陣線**（Front National）是一個比較有份量的政治隊伍。建立於1972年，民族陣線現在宣稱有十萬名黨員，與二十萬名黨友的支持。

民族陣線的支持者反映了其他法西斯主義的政治形態：

1. 幾乎完全是中產及中下階級的黨員。
2. 工人階級看破了左派，特別是共產黨。
3. 很典型的，民族陣線自許是工人的代言人，保護他們免於資本主義與共產黨的侵襲。

民族陣線在地方上很有勢力。

更重要的，它對司法、軍隊與警察都有影響力。

它吸收了小型的右翼團體(但是這些團體並未停止所有的活動)。

民族陣線在法國南部
的馬賽（Marseilles）
及波比南（Per-
pignan）特別強大，
獲得30%的選票。
這個區域有許多前殖
民地的白人——黑腳
（pieds noirs），在
1962年阿爾及利亞
從法國獨立後，他們
選擇了返回法國。

南部的傳統右派
保守政黨也與民
族陣線非正式的
聯手競選。

與民族陣線的興起同時發生的，是針對四百萬左右移民的種族主義。三百萬移民是來自北非馬格拉柏（Maghreb），其中哈吉斯族（Harkis）與阿爾及利亞的法國軍隊聯合作戰。

阿爾及利亞漫長血腥的殖民戰爭記憶多少助長了種族主義的爆發。＊

但是，另一個原因是移民的下一代子女正好在景氣蕭條、高失業率的時候，開始進入勞力市場找工作。

＊ 1961 年十月二十一日，兩百名阿爾及利亞人參與在巴黎的一次反對警察管制的和平遊行，而遭警察殺戮，屍體被丟棄到塞納河。

移民的小孩被視為教育體系的危機。
到處充滿了憂慮法國文化受到「伊斯蘭化」威脅的感受。

對移民的歧視與暴力的同時，也出現反猶太的攻擊與損毀猶太人的墳墓事件。 1990 年一個這樣的損毀事件，在巴黎引發了一次由法國總統密特朗率領的抗議大遊行。

民族陣線是典型的法西斯主義者，詛咒同性戀與墮胎、訴諸國家榮耀與家庭價值、與倡論法國人的民族優越。諷刺的是每三個法國人中就有一人的祖先是在建國的最初幾百年移民法國的。

民族陣線在 1984 年贏得歐洲國會十個席位。 1986 年在法國國民大會選舉，獲得 35 席。 1988 年的總統選舉，贏得百分之十四的選票。

戴高樂派的中間偏右路線的一次大勝利，將可囊括接收民族陣線的政治地盤。但是，這又要視兩個因素而定：對左派的徹底失望以及繼續信賴傳統保守派的配方。

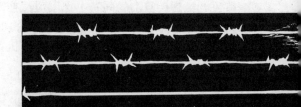

新法西斯主義的擴張

規模較小的、類似的法西斯思想與活動也出現在奧國、比利時、荷蘭、丹麥、瑞典與挪威。他們的共通點是，政黨的崛起都是仰賴宣講種族主義及反猶太政策，而在地方或全國性選舉獲得席位。例如，奧國的自由黨（FPO），荷蘭的中央民主黨（CD）、比利時的弗拉民集團（Flemish Block）與民族陣線（Front National）。

除了這些合法的政黨，有些新納粹團體採取直接的手段。在奧國，使用炸彈攻擊猶太人墳場、移民與尋求政治庇護者。在丹麥，國家社會主義聯盟提倡對移民的整肅、傳播愛滋病者處死刑、與對非白人收養的子女做強制性結紮。這些新納粹陣營與橫跨歐洲的德國、法國、西班牙與英國類似的團體都互相串連。我們也不要輕忽他們與美國極端民族主義與新納粹團體的國際連結。

傳說猶太人在奧斯威茲死亡工廠集中營被集體謀殺，其實根本沒那回事。

大衛・歐文

一般正常人不會懷疑希特勒的存在。無數人看過報告、圖片與大量的文件，證明希特勒真有其人，是不容置疑的。

大屠殺的事實同樣也是證據齊全——見證人、照片與詳細的紀錄。然而，新法西斯份子卻否認大屠殺此一事實。一些學院的著名學者，如法國的保羅・拉西尼爾（Paul Rassinier）與英國的大衛・歐文（David Irving），試圖改寫歷史，想證明大屠殺要不是沒有發生，不然就是被過度誇張了。歐文自稱是溫和的「法西斯主義者」。

為什麼要「否證」大屠殺呢？目的是為了減輕納粹主義的滔天大罪，最好是證明希特勒是完全清白的。塑造出一個合意的領袖神話來取代真正的希特勒。

新法西斯主義想讓自己**值得尊敬**。

歐文的論點獲得**德國民眾聯盟**領導人吉爾哈特・弗瑞博士（Dr. Gerhard Frey）新納粹報紙的支持。弗瑞的書在德國非常暢銷。

可敬的右派

若單純的把新納粹光頭族（skinhead）惡棍認為就是極端右派，那就大錯特錯。新法西斯主義更重要更有力的支持者，是來自「可敬的社群」——司法界、警察、軍隊、金融與工業界。學界與「新右派」的知識份子也追求名望。

新右派的重要展現是 GRECE，法文代表「歐洲文明研究探討團體」（the Group of Research and Study for European Civilization）。很有意思的，GRECE 在法文又是「希臘」的意思。傳統上，希臘是西方文明的搖籃。GRECE 的出版品追溯到歐洲種族、異教徒、諸如維京族的崇拜偶像等神話。GRECE 極端的反平等、反人道主義。他們讚揚如巴瑞圖的思想家，他的菁英理論支持許多法西斯主義的思想。

新右派的知識份子不僅在法國很活躍，在義大利、德國、英國與其他地方也很活躍。

這項反平等的運動採用了社會生物學、遺傳學與動物行為學，把動物行為的概念像「團隊」與「強勢的男性」，應用於人類社會。

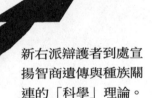

新右派辯護者到處宣揚智商遺傳與種族關連的「科學」理論。

一篇發表在 1972 年刺針（Lancet）醫學雜誌的文章，建議採取「緊急行動」來處理「智障症漸增」的問題。這種見解是引自「心智衛生學」與優生學的概念。

在英國，這種說法的領導人物是伯特公爵（Sir Cyril Burt, 1883-1971）。他研究雙胞胎的智商，主要是用來反駁文化在智力發展時的重要性。他的論點如今已經被推翻。他是優生學會的會員，也是 MENSA 協會的創始人。MENSA 是一個相信遺傳原理的高智商團體。

新法西斯主義——「曇花一現？」

我們該說是法西斯主義的復興？還是一脈相承？或是未知的新法西斯主義類別？新法西斯主義真的是「新瓶裝舊酒」嗎？

我們舉了多種新法西斯主義的組合，自從冷戰以來，如雨後春筍的出現在各地。這些會不會結合成法西斯主義一統（unitary）的威脅？

近五十年來，歐洲以外的地方也出現了各式各樣的右派集權獨裁政權。例如，南非的種族隔離、蘇哈托統治的印尼、「醫生伯伯」（Doctor Papa）度瓦拉（Duval）的海地、阿敏（Idi Amin）的烏干達、巴勒維國王與科梅尼的伊朗、海珊統治的伊拉克。獨裁者古今皆有。但是，我們可以說他們是法西斯政權嗎？

造成法西斯主義的出現或復甦的社會、經濟與政治條件是
變動不居的。新法西斯主義團體或政黨在八〇年代，常常
成為報紙的頭條新聞，也許真的是「今天的新聞，明日的
黃花」。我們必須透視這些現象，深入考察長期支持法西
斯主義底層的持續條件。

1. 高度工業化經濟遭受
   經濟蕭條的重創
2. 信用破產的左派。
3. 不滿無能或腐敗的國會制度。
4. 共識政治的終結。
5. 「掠奪職業」的移民、難民、
   與政治庇護尋求者所激發的種族主義。
6. 可敬的右派。
7. 對強大國家的緬懷，
   這一點值得我們再討論。

憧憬與失調

對強國的憧憬牽涉到一種國家主義「頑固封閉心態」的心理層面。

1. 利用好鬥與粗暴行為來補償失去認同或國家榮譽的感覺（例如：大英帝國的沒落）。

2. 難以適應一個大量人口失業，而工作機會稀罕的社會。這是由於政府的經濟是依賴在「市場」（the Market），它加深了貧富的差距，並且造成「次階級」（sub-class）的產生——套句較雅的名詞來形容被市場揚棄的人們。

3. 不願承認與接受多族群社會與文化的事實。

4. 無視於這個世界裡，窮人與受難者因本國沙漠的擴大，飢荒遍野，難以生存，使得廣大的人口必須遷移。十九世紀歐洲窮人移居於美國與大英帝國的領土。新移民潮則來自非洲與亞洲的苦難，歐洲政府卻以管制移民與拒絕庇護政治難民來回應。

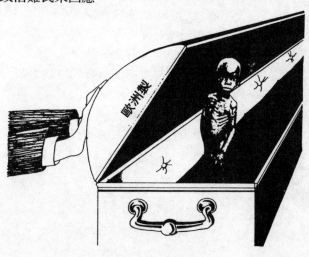

最後…

我們怎麼分辨一個團體、政黨和政府的本質是不是法西斯主義式的？一種可行的定位方法是檢查下面的題目：

他們的主要目標是否為：

☐ 工會？

☐ 左派？

☐ 國會民主？

☐ 他們受到中產階級的支持嗎？

☐ 受希望幻滅的工人支持？

☐ 他們吸引年輕人？

☐ 依靠軍隊與警察的支持？

☐ 他們是種族主義？

☐ 極端的民族主義？

☐ 主張勞資合作主義？

☐ 接受工業界或地主的資助？

☐ 企圖限制女性的角色？

☐ 敵視同性戀？

☐ 反對墮胎？

☐ 依賴群眾政黨？

☐ 強調神話的歷史？

☐ 使用恐怖主義來打擊對手？

☐ 濫用政治權威？

☐ 崇拜領袖？

要做些什麼？

我們應該記起希特勒自己在 1933 年說過
的話。
　「只有一件事可以阻止我們的行動——假
如我們的對手瞭解我們的原則，從一開始
就毫不留情的徹底摧毀我們新行動的核心
份子。」

那麼，你如何回答這個問題？

☐　你贊成大部份的政黨所認為，法律
足以對付法西斯主義的觀點嗎？

☐　你認為動員法西斯的反對者，並進
行可能的抗爭是會令法西斯份子敬
佩的唯一策略嗎？

你應該勾選適當的格子。

Suggested Further Reading

Introductions

The following provide good background on the origins and rise of Fascism.
Hannah Arendt, **Origins of Totalitarianism**(London 1958). James Joll, **Europe since 1870** (London 1990 4th edition). S.J. Wolf (ed.), **Fascism in Europe** (London 1981).

General discussions of the post-war emergence of neo-Fascism can be found in:
Cheles, Ferguson, Wright (eds.), **Neo-Fascism in Europe** (London 1991).

R. Thurlow, **Fascism in Britain** (London 1986), a history to the present.
Interesting but more difficult essays on the crisis developing in West Germany in the 1970s, J. Habermas (ed.) **Observations on "The Spiritual Situation of the Age"** (MIT Press 1987).

The Past History of Fascism

Italy

C.F. Delzell, **Mussolini's Enemies: The Anti-Fascist Movement** (Princeton 1961).

Paul Ginsborg, **A History of Contemporary Italy** (London 1990).

Gaetano Salvemini, **Prelude to World War II** (London 1953).

Elizabeth Wiskemann, **Europe of the Dictators** and **The Rome-Berlin Axis** (London 1966).

For the rise of neo-Fascism, consult the Ginsborg and Robert Lumley, **States of Emergency, Cultures of Revolt in Italy** (London 1990).

Germany

The classic account is William L. Shirer's massive **The Rise and Fall of the Third Reich** (New York 1960-61).

A.J.P. Taylor, **The Origins of the Second World War** (London 1961) is provocative and controversial.

D. Peukert, **Inside Nazi Germany** (London 1989) provides a good inside picture.

Spain

The two classic accounts are: Gerald Brennan, **The Spanish Labyrinth** (London 1960) and Hugh Thomas, **The Spanish Civil War** (London 1977).

Also useful: A. Lloyd, **Franco** (London 1970) and Paul Preston, **The Politics of Revenge - Fascism and the Military in 20th Century Spain** (London 1990).

Japan

For a brief general introduction, try: Robert Storry, **A History of Modern Japan** (Penguin 1987).

David Bergamini, **Japan's Imperial Conspiracy** (London 1971) is a long, fascinating and controversial investigation of the Emperor's key role as architect of Japanese military expansion.

Jon Halliday, **A Political History of Japanese Capitalism** (New York and London 1975), an illuminating social and economic study of Japan from the 19th century to World War II, the Occupation and economic recovery.

Ivar Morris, **Nationalism and the Right Wing in Japan** (Oxford University Press 1960), an important assessment of the Occupation and the resurgence of extreme rightwing organizations in post-war Japan.

The Holocaust

The literature on the Holocaust is vast. For a useful introduction to the history of anti-Semitism try E.H. Flannery, **The Anguish of the Jews** (New York and London 1965). Norman Cohn, **Warrant for Genocide** (Penguin 1970) traces the impact of the fake "Protocols of the Elders of Zion" on Nazi propaganda. Zygmunt Bauman, **Modernity and the Holocaust** (London 1989) is stimulating and highly recommended.

Stuart Hood
writer, novelist, translator, documentary film maker, ex- BBC executive, ex-professor in film at the Royal College of Art. Honorary member of ANPI (National Association of Italian Partisans), unrepentant socialist

Litza Jansz
illustrator, designer, animator, Independent film-maker producing and directing films for C4 and the BBC.
Lecturer in Media Studies and Animation.
unrepentant socialist.

with thanks to the **Imperial War Museum**, the **Wiener Library** and for the useful service provided by the local libraries of Camberwell.

A particular thanks to Norma for offering her expertise and support throughout the project. Thanks to Natty - an invaluable advisor.

Typesetting by Norma Spence

國立中央圖書館出版品預行編目資料

法西斯主義／Stuart Hood作；Litza Jansz 繪畫；
　陳家倫譯. -- 初版. --臺北縣新店市：立緒文化，民85
　　面；　公分
　譯自：Fascism for Beginners
　ISBN 957-99359-8-X(平裝)

1.法西斯主義

571.192　　　　　　　　　　　　　　　85003624

法西斯主義

出版──立緒文化事業有限公司

作者──Stuart Hood

漫畫作者──Litza Jansz

譯者──陳家倫

發行人──郝碧蓮
總經理兼總編輯──鍾惠民
編輯──吳燕惠
地址──台北縣新店市中央六街62號1樓
電話──(02)2192173・2194998
傳真──(02)2194998
劃撥帳號──1839142-0號　立緒文化事業有限公司帳戶
行政院新聞局局版臺業字第6426號

行銷代理──紅螞蟻圖書有限公司
電話──(02)7999490　傳真──(02)7995284
地址──台北市內湖區麗山街328巷4號
排版──文盛電腦排版有限公司
印刷──祥新印刷股份有限公司

法律顧問──敦旭法律事務所吳展旭律師
版權所有・翻印必究
分類號碼──571.00.001
ISBN 957-99359-8-X
出版日期──中華民國85年5月初版　一刷(1～2,500)
　　　　　　　　　　　　　　　二刷(2,501～4,000)

定價◉195元